JN279898

リーディングス
リニューアル　経営学

現代の経営組織論

佐久間 信夫
坪井 順一
編著

学文社

執筆者

＊坪井　順一　　文教大学情報学部教授　　　　　　（第1，2，10章）
＊佐久間信夫　　創価大学経営学部教授　　　　　　（第3章）
　山中　伸彦　　尚美学園大学総合政策学部講師　　（第4章）
　前橋　明朗　　作新学院大学地域発展学部助教授　（第5章）
　所　　伸之　　玉川大学経営学部助教授　　　　　（第6，12章）
　大平　義隆　　北海学園大学経営学部教授　　　　（第7，8章）
　文　　戴皓　　富士常葉大学流通経済学部講師　　（第9，13章）
　間嶋　　崇　　広島国際大学医療福祉学部講師　　（第11，14章）

（＊は編者，執筆順）

はしがき

　かってクーンツは，経営理論の状況を評してマネジメント・セオリー・ジャングルと表現したが，今日なお経営理論は相変わらずの状況である。一方，経営組織論においても，組織論の研究が盛んになるにつれ，一般組織論と経営組織論の区別が曖昧になっている。一般組織論の対象は多様で，メタ理論化する傾向にあるが，経営組織論の中でも新たな理論が続出して，セオリー・ジャングルの様相を帯びた状況にある。学際的なアプローチは，多様な領域から組織の検討を可能にすることで，組織論研究の広がりをもたらしたが，逆に経営組織論の基本的な課題が何であるかについては曖昧になってしまった感がある。

　本書は，「人間」と「組織」との関係を再検討しながら，従来の基本的な組織論の範疇だけではなく，経営組織論の新しい風にも考慮して全体の構成を行ったつもりである。

　本書の構成は，全14章からなっている。第1章では，組織とは何かについての基本的な概念を提示し，第2章では，人間と組織の関わりを社会の発展の中で考えるという試みをした。第3・4章は，組織の形態を伝統的なものから今日的なものまで概説し，第5章から第9章までは，人間関係論を契機として，行動科学的な理論や，バーナード＝サイモン理論，サイアート＝マーチの企業行動論など，経営組織論における基本的な理論の特徴を解説している。また，第10章から第13章では，最近の新しい理論である組織行動論や組織文化論，組織間関係の理論など，経営組織論の今日的な理論が展開されるとともに，第14章では経営組織論と一般組織論の接点となるような新しい理論も取り上げた。全章を通して，経営組織論の理論的な理解が得られるように展開したつもりである。経営組織論を学ぶための道標になれば幸いである。

編著者として，個人的な感慨をひとこと述べさせていただきたい。前回，「リーデングス新生経営学」のシリーズのひとつとして，同名の『現代の経営組織論』を故工藤達男先生の下で執筆させていただいた。前回のシリーズは，工藤達男先生が編集されたものであり，今回の「リーディングスリニューアル経営学」シリーズは，それを継承・発展させる形で企画されたものである。本シリーズを再び執筆する機会を得たことは，大変光栄に思う。工藤先生に少しでも，ご恩を返すことが出来ればと思う次第である。最後に，いつものことながら，学文社社長の田中千津子氏には大変お世話になった。言葉では言い表せないほどの暖かい眼差しで見ていただいた。心より感謝する次第である。

2005年1月

編者　佐久間信夫・坪井順一

目　次

第1章　組織の基本原理─────────────────── 2
　1．経営組織の概念……………………………………… 2
　2．経営組織の意義……………………………………… 3
　3．組織の基礎概念……………………………………… 4
　4．組織の特質…………………………………………… 5
　5．権限と責任…………………………………………… 8

第2章　組織における人間──────────────────14
　1．人間と社会の発展 ……………………………………14
　2．近・現代における人間………………………………17
　3．組織における人間観の変遷…………………………22
　4．個人人格と組織人格…………………………………25

第3章　組織の基本形形態─────────────────29
　1．ライン組織……………………………………………29
　2．ファンクショナル組織………………………………31
　3．ライン・アンド・スタッフ組織……………………33
　4．事業部制組織…………………………………………34
　5．マトリックス組織……………………………………38

第4章　現代的な組織形態─────────────────45
　1．現代の経営環境と競争上の要因……………………45
　2．新たな組織形態の模索──GEにおける事業部制組織の問題と
　　　SBUの登場──……………………………………49
　3．職能別分業の再構築──プロセス組織──………52
　4．顧客思考の企業組織──フロント・バック組織──………61
　5．企業間関係とネットワーク組織……………………73

第5章　人間関係論──ヒューマン・リレーションズ──────86
　1．時代背景………………………………………………………86
　2．ホーソン実験の概要…………………………………………86
　3．人間関係論の展開……………………………………………91
　4．人間関係論の意義と問題点…………………………………95
第6章　行動科学的理論──────────────────99
　1．組織論と行動科学……………………………………………99
　2．アージリスの未成熟・成熟モデル ………………………100
　3．リッカートのシステム4モデル …………………………103
　4．マグレガーのX・Y理論 …………………………………107
　5．ハーズバーグの動機づけ・衛生理論 ……………………110
第7章　バーナード理論─────────────────116
　1．個人 …………………………………………………………116
　2．協働と協働システム（協働体系）…………………………118
　3．公式組織と非公式組織 ……………………………………119
　4．権威の受容と無関心圏 ……………………………………124
　5．管理者の役割 ………………………………………………125
第8章　サイモン理論──────────────────130
　1．意思決定の理論 ……………………………………………130
　2．行動の分析 …………………………………………………138
第9章　企業行動理論──────────────────146
　1．企業行動理論の意義 ………………………………………146
　2．サイアート＝マーチの企業行動モデル …………………148
　3．サイアート＝マーチ・モデルの限界 ……………………154
第10章　組織行動論───────────────────159
　1．組織行動論の発展 …………………………………………159
　2．組織行動論に対する見解 …………………………………160

    3．行動科学的アプローチの超克 ………………………………162
    4．人的資源管理 …………………………………………………166
第11章　組織文化論──────────────────────171
    1．組織文化論が登場する2つの背景 …………………………171
    2．機能主義組織文化論 …………………………………………174
    3．シンボリック──解釈主義の組織文化論 …………………180
    4．むすびにかえて ………………………………………………183
第12章　組織間関係の理論（Ⅰ）──────────────187
    1．資源依存モデル ………………………………………………188
    2．個体群生態学モデル …………………………………………192
第13章　組織間関係の理論（Ⅱ）──────────────200
    1．組織間関係の形成要因 ………………………………………200
    2．組織間関係の様式を決定する諸要因 ………………………204
    3．組織間における取引様式の諸形態 …………………………209
第14章　新しい組織理論の動向について──ポストモダンの組織論を
　　　　中心に────────────────────────216
    1．モダンの組織論からポストモダンの組織論へ ……………216
    2．ポストモダンの組織論 ………………………………………222
    3．結びにかえて …………………………………………………229

　索引 …………………………………………………………………231

● 第1章のポイント

■ 組織の目的が何であるかを考えて，手段と目的との関係を理解する。

■ 既存の組織と組織の形成過程では，その対応が異なることを理解する。

■ 権限と責任についてはいくつかの見解があり，権限に関する理論を理解しておく。

◎ 基本用語

【組織の3要素】　バーナードは，共通目的，貢献意欲，コミュニケーションの3つを組織の要素と定義した。

【職能と機能】　仕事の分担を表す職能と管理の分担を表す機能を区別する。

【目的達成の手段としての組織】　人間は目的達成のために組織を作ったが，いつの間にか組織そのものの維持が目的となっている。

第1章　組織の基本原理

1．経営組織の概念

　人間は，意思の所有者であり，自ら問題を見い出し，問題解決する能力を保有しているというのが，今日の経営組織論における人間観である。しかし，一方で，人間は1人ひとり個人差がある。体力的・肉体的な違い，能力，性格，個性，素質，知性，趣味，教育，宗教，家庭環境や経済的環境，経歴等々，個々の人間の性格を形成する要因は多種多様であり，こうした要因が微妙に絡み合うことで1人の人間の個性が形成されている。主としてパーソナリティの問題であるが，こうした個性的な人間であっても，個人としての能力には限界がある。個人的に達成できないような目的，あるいは同じ目的を持つ個人が組織を作り，目的達成に向けて協力しあう。組織とは，バーナード（Barnard, C.I.）が言うように，「目的達成に向けた2人以上の人々の協働システム（cooperative system）」であるということができる。今日，人は誰もが何らかの組織に属して生活を営んでおり，ロビンソン・クルーソーのように社会から孤立した存在として生きていくことはできない。

　近年，システム論や学際的アプローチの影響で，一般組織論と経営組織論の垣根が低くなり，研究対象が何であるかについての混乱がある。ここでは，経営学の一領域としての経営組織を対象とする。

　経営組織は，事業目的を達成するための組織であり，国家，政府，地方自治体，企業，労働組合，学校，宗教団体，病院など，個々の組織目的に基づいて社会的な活動をするために形成され，存在しているものである。経営組織を考えるときには，個々の組織における普遍性と特殊性を考慮しなければならない。普遍性は，原理・原則のように，組織一般の基本的な活動の基準となるものであり，特殊性は，組織に付随した属性によるものである。組織

活動は一般的な原則によりながら，組織の属性に従って発揮される。

　今日の組織概念は，前述したバーナードの組織観が一般的である。組織を協働体系と捉え，組織の構成員が共通目的（common purpose）の達成に向けて，個々の構成員の意思の疎通（communication）を図り，貢献意欲（willingness to serve）を結集して目的を達成するというものである。この①共通目的，②コミュニケーション，③貢献意欲を組織の3要素という。

　人間関係論以降，組織は公式組織（formal organization）だけではなく，それに影響を与えるインフォーマル・グループ（informal group）の役割についても論じられるようになった。インフォーマル・グループは，一般的には非公式組織（informal organization）と表現されることが多いが，組織とは元来フォーマルなものであり，非公式組織という表現は，実体のない人の集合を組織と表現しているのであって，語義上の矛盾を含んでいる。一般の用法として認識されているけれども，ここではグループという表現を用いることにする。さて，公式組織は厳然と存在する組織であり，一定の規則・ルールに則って運営される組織である。これに対して，インフォーマル・グループは，公式組織の中に自発的に発生した集団であり，単なる遊び仲間から，集団独自の作業基準を持ち，お互いが規制しながら集団を維持しようとして社会的統制をおこなう意識的な集団まである。ただし，作業基準にしろ社会的統制にしろ，文書化されたりマニュアル化されたものではなく，不文律として存在しているにすぎない。組織に人間の感情に基づくインフォーマルな側面が存在し，それが一定の役割を果たすことは理解されている。しかし，組織はあくまで組織としての目的を持って活動しており，感情を重視するだけでは，必ずしも組織目的の達成には貢献しないことも事実である。

2．経営組織の意義

　組織は，人間・個人の目的を達成するための手段として登場した。目的を達成するために，人間は組織を作ることによって，容易に目的達成を可能に

することができることになる。しかし，組織が大きくなり，組織としての体裁を持つようになると個人目的と組織目的が必ずしも一致しなくなる。組織論は，こうした個人（目的）と組織（目的）をいかに調和していくかが主要なテーマとなって，さまざまな理論が提唱されてきた。個々の理論の展開は，後の章で展開されているが，今日の組織論は他の学問領域と同じく隣接科学的なアプローチが一般的である。さまざまな学問を土台とした諸理論を組織理論とどのように融合させていくのか検討していかなければならない。

組織を考える上で重要なことは，組織はあくまで目的を達成するための手段であって，組織自体が自己目的ではないということである。しかるに，今日の組織は，人間の目的達成の手段ではなく，組織目的を達成するために，人間が手段となるような目的と手段の転倒現象が起こっている。組織の一員として組織に従属し，歯車のごとく活動する，こうした労働のあり方は，組織論における課題の１つである。

3. 組織の基礎概念

組織は二重性を持っている。職能の分担構造と管理の分担構造である。前者は，仕事の分担を表している。仕事（job,work,function）の分担とは，分業化の原則によって割り当てられた仕事であり，仕事の専門的分化から１つの専門化された部門を構成したものであり，それを職能分化という。製造，販売，財務，購買，人事，会計，技術等々，通常組織図の中に記載されるように部門化された仕事の分担をいう。ちなみに，通常は，製造，販売，財務を主要業務執行部門とする３大部門説が一般的である。この主要業務を製造，販売とする２大部門説，さらに３大部門に購買を加えた４大部門説があることを付け加えておく。これに対して後者は，全く次元を異にする概念であり，管理者の仕事，すなわち管理機能（management functions）を意味している。管理機能とは，指揮・命令，調整，計画化，組織化，統制などの管理過程としてあげられる個々の機能をいう。１人の管理者がすべての管理機

図表1-1　機能と職能の関係

機能＼職能	製造	販売	財務	購買	人事	技術	……
組織化	○	○	○	……	……	……	……
計画化	○	○	……	……	……	……	……
統制	○	○	……	……	……	……	……
動機づけ	○	……	……	……	……	……	……
教育	○	……	……	……	……	……	……
革新	○	……	……	……	……	……	……
評価	○	○	……	……	……	……	……

能を担ってはいるが，現実には，1人ですべての機能をおこなうことは無理であり，各機能の展開を補佐する存在としてスタッフが生成する。経営学の中で職能や機能という用語が一般的に用いられているが，それぞれの持つ意味内容にかかわらず，無限定に使われている。この職能と機能という用語は，かなり基礎的な用語であるけれども，かなり多くの研究者に混乱が見られる。機能と職能の関係を図1-1[1]に示しておく。

4．組織の特質

(1) 組織と組織化

組織（organization）と組織化（organizing）は，基本的に異なる概念である。組織は，ある時点で作り上げられた状態を示すものであり，既存のものであるのにたいして，組織化とは，組織形成の過程を指す。新たに作る場合もあれば，作り直す過程を指すこともある。組織化は，管理機能（過程）論における組織化の手順，①職能分化，②諸手続の制定，③人間の適正配置，④管理の分担，⑤第一線での日々の配置等を含んでいる。[2]

既存の組織は，それが妥当に機能する場合には，静態的に推移する。しかし，今日のような環境や経済状況の変化に対応するためには，組織は動態的に対応しなければならない。ただし，組織は組織としての客観的なルールや

規律を持っている。この点は，組織が動態的対応をする場合にも考慮されるべき事である。

(2) リストラクチャリングとリエンジニアリング

組織の動態化に関して，最近は活性化という表現も用いられているが，近年脚光を浴びているのがリストラクチャリング（restructuring）とリエンジニアリング（reengineering）である。前者は，文字通り再構築を意味する言葉である。企業環境が厳しくなり，企業が生き残るためには，事業部門を再構築し，高収益体制を作り上げる必要がある。リストラクチャリングは，リストラと略称され，人員削減の代名詞となってしまったが，本来は，企業の強みを生かした事業体制を作ることであり，そのためにはどのように事業や部門を再構築すればよいかということが課題であった。事業の縮小や撤退，不採算部門の整理，人員の削減，あるいは子会社や不採算部門を売却して経営負担を軽くすることで，無駄なコストを削減し，収益のあがる体制を築くことが，リストラクチャリングの目的である。人員削減は1つの方策にすぎないが，それだけがクローズアップされた観がある。ただ，リエンジニアリングとは異なり，リストラクチャリングは，情報技術などを使って業務内容の変更や組織内の変革を意味するものではない。組織内部の業務プロセスを再設計したり，企業の体質や構造を変革することは，リエンジニアリングの領域であって，リストラクチャリングの対象ではない。リストラクチャリングの手法は，既存事業の減量化とスリム化にある。そのためには，部門・事業部単位での見直しをおこない，たとえば今後の主力とみなされるような事業部門には，経営資源の重点配分を行ったり，事業所の統廃合，分社化，あるいはM&A（Mergers & Acquisitions：合併・買収）も行われる。リストラクチャリングという概念は，人員の削減が余儀なく行われる事態は発生するが，それがリストラの本来の目的ではないということを明確に認識する必要がある。景気が良くとも悪くとも，企業の収益構造を考えた場合には，常

にリストラクチャリングは必要なのである。

　これに対して，リエンジニアリングはハマー（Hammer, M.）とチャンピー（Champy, J.）の共著による『リエンジニアリング革命』（Reengineering the corporation）によって提唱された概念である。リエンジニアリングは，「コスト，品質，サービス，スピードのような，重大で現代的なパフォーマンス基準を劇的に改善するために，ビジネス・プロセスを根本的に考え直し，抜本的にそれをデザインし直すこと」と定義されている。リエンジニアリングは，基本的に顧客満足を向上させるという観点で業務の再検討をすることであり，抜本的な改善をするために，過去の慣習にとらわれることなく，顧客にとって何が必要かということが検討される。

(3) システム論的アプローチ

　今日の一般的な組織に対する見解は，組織をオープン・システム（open system）としてとらえ，さまざまな環境要因に影響を受けながらも環境に適応し，ときには環境に対して働きかけながら維持・発展していかなければならない自己維持構造的存在であるとする。システム概念そのものは，フォン・ベルタランフィ（von Bertalanffy, L.）によって提唱された一般システム論（有機体論）によっている。システムはまず，全体性と総和として捉えられる。全体性とは，単なる総和ではなく，個々の要素の有機的結合による相互に作用しあう要素の集合であるとする。同時に，全体システム（トータルシテム）は，下位システムとしてのサブシステムと有機的結合を持つ。バーナードも組織自体をシステムと考え，より大きなシステムのサブシステムを構成する組織が，あたかも生命力を持つかのような維持活動を行なうものとみなし，組織は組織的均衡によって組織を存続させていこうとする，いわゆる組織均衡論を展開している。バーナードの組織均衡論は，組織自体のホメオスタシス（homeostasis：自律的恒常性）に依拠するところが大きい。ホメオスタシスは，組織が存在する環境の中で，環境に対して自己維持的活動

をとるものであるが，組織がオープン・システム（組織は環境の中に存在）であり，相互作用（個人と組織，個と全体）によって成り立っていることを示している。今日，組織をクローズド・システム（closed system）として考えることは，特定の場合を除いてはない。

5. 権限と責任

仕事の分担を職能と言うことは前に述べたが，ブレック（Brech, E.F.L.）は責任権限の分担構造を管理の枠組み（framework of management）と表現した。組織は，第3節でも触れたように仕事の分担構造と管理の分担構造という二重性を持っている。組織目的を達成するためには，行為の主体者に対して，一定の範囲内で自由な意思決定が行えるよう，組織的な明確化を行う必要がある。これを権限（authority）といい，組織の構成員に対して，職務内容，範囲，遂行方法，他領域との関連などが規定される。権限の保有者は，その権限に応じた責任がある。誰がどのような範囲で責任権限を有し，そしてどのような権限が委譲されるのかを定めたものが職位記述書やマネジメント・ガイド（management guide）である。

(1) 権限に関する理論

権限がどのように発生したのか，あるいはその源泉はなにかについて，いくつかの学説や見解がある。ここでは，権限に関する主要な理論について簡単に説明する。

①「権限法定説」あるいは「公式権限説」（formal theory of authority）は，最も一般的な見解であり，権限の源泉は，究極的には私有財産制度にあるとする見解である。アメリカの伝統的な論者，ディヴィス（Davis,R.C.）やクーンツ（Koontz,H.）などが該当する。権限は，私有財産制度，すなわち物質的源泉にあり，所有者であるということが，個人に力を与える権利の源泉になっているという考え方である。つまり，所有が法的な権力の裏付け

であり，企業の場合，その企業の所有者がすべての命令に関する権限を有しているが，実際には限られた枠の中で権限は委譲される形で行使されている。たとえば，資本の所有者は，その最高決議機関である株主総会へ権限委譲し，株主総会は取締役会へ，取締役会は社長へ，社長は部長へと下位への委譲が行われる。当然のことながら，権限の行使には，職務を達成する責任と義務が伴うことになる。

②「権限受容説」(acceptance theory of authority) は，バーナードによって提起された概念であり，命令が部下に受容され，命令の意図に従った部下の行動が生起して初めて，管理者の権限は成立するという考えである。「もし命令的な伝達がその受令者に受け入れられるならば，その人に対する伝達の権威が確認あるいは確定される。それは行為の基礎と認められる。かかる伝達の不服従は，彼に対する伝達の権威の否定である。それ故この定義では，ひとつの命令が権威を持つかどうかの意思決定は受令者側にあり，「権威者」すなわち発令者の側にあるのではない[4]」バーナードの権限受容説についての説明である。引用文中「権威」という表現が用いられているが，権限受容説という表現を含めて，今日では「権限」が一般的である。権限には2つの側面があり，1つは，主観的・個人的な側面であり，コミュニケーションは権威あるものとして受容される。もう1つは，客観的側面であり，コミュニケーションが，受容されるコミュニケーションそのものの性格に関するものである。権限が受容されるためには，①コミュニケーションを理解でき，実際にも理解すること，②意思決定の際，コミュニケーションが組織目的と矛盾しないと信じること，③意思決定の際，コミュニケーションが個人的な利害と両立しうると信じること，④精神的にも肉体的にもコミュニケーションに従えること。こうした4つの条件が同時に満たされたときにはじめて，コミュニケーションは権限あるものとして受容されるとする。この概念は，基本的には人間が問題解決能力の保持者であることを前提として，命令を部下個人が受容するか，あるいは同意することによって，権限が生じると

考えている。従来の職位記述書や権限規定は，名目的権限にすぎず，上司は名目的権限によって権限を行使するが，部下が命令の意図に従って行動してはじめて実体的権限が生成するのであり，この名目的権限と実体的権限を明確に区別することが権限受容説の特徴である。

③「権限機能説」(functional theory of authority) は，機能を中心に権限を考える見解で，フォレット (Follet, M.P.) が代表的である。フォレットは，企業組織において，最も基本的な観念は機能であり，組織構成員は所与の機能を分担し，かつ分担していると同じ責任と権限を持つべきであり，こうした機能・責任・権限は組織において三位一体をなすと考えている。また，権限は職位から発生するものではなく，その過程を考慮すべきであり，累積的な権限を考慮すべきであるという。フォレットは，多くの経験や事例を検討する中で，職位が支配する権利を伴っていた例はなく，人々は誰に対して責任をとるか (responsible to) ではなく，何に対して責任をとるか (responsible for) を考えていたという。つまり，上から委譲された権限に対して責任をとるのではなく，責任が発生するのは全体的な組織計画によって割り当てられ，設定されたものに対してであり，また，累積的な権限についても，多くの決定は通常行われている決定の累積によって導かれたものであるという。さらに，権限は経営者や管理者などの責任的，意識的，科学的な行動を支配する「情況の法則 (the law of the situation)」の中に存在し，専断的ではなく情況の法則に従って行使されるべきであるとする。ここでいう情況の法則とは，命令や権限は，上司も部下も命令を受け取ることに同意することによって生じるとする考えである。科学的な観点から情況の法則が見いだされれば，そこで行われる命令は，情況に照らし合わせて，必然的な行為であり，非人格的なものとして受容されなければならない。命令は変化する状況の要求として受諾されるべきものであると考えられている。

(2) 責任の概念

　権限を委譲された者は，与えられた権限を十分に行使しながら，所与の目的達成に努力していかなければならないが，付与された権限に対しては，必ず職務達成に対する責任と義務が伴う。権限と責任は表裏一体の関係にあるといえる。通常，責任には2つの概念がある。一つは，職務上の責任（responsibility）あり，もう一つは説明責任（accountability）である。前者は，主に責任者の職位上の権限から発生する責任であり，たとえば，購買担当者がある新しい部品購入の意思決定をする場合，それは彼に委譲された職位上の責任による。後者は，一般的に説明責任といわれるが，本来は，具体的な数値を伴った計測可能責任をいう。その意味するところは，数値目標として与えられた責任計数に対して，具体的に達成された結果についての説明義務を負うことにある。たとえば，営業職で目標が設定されていれば，その達成度合いについては測定可能であり，達成の可否について説明する責任が生じる場合などをいう。

引用文献
1) 佐久間信夫・坪井順一編著『現代の経営管理論』学文社，2002年，123ページ
2) Ibid., pp. 127-128
3) Hammer, M. & Champy, J., *Reengineering the corporation*, Linda Michaels Literary, 1993（野中郁次郎監訳『リエンジニアリング革命』日本経済新聞社，1993年，57ページ）
4) Barnard, C. I., *The Functions of the Executive*, Harvard Univ. Press, 1938, p. 163.（山本安次郎訳『経営者の役割』ダイヤモンド社，1968年，171ページ）

▶学習の課題
1　組織の目的と手段の関係を議論しよう。
2　組織と組織化の違いについて，それぞれのあり方を議論しよう。

◆参考文献

佐久間信夫編『現代経営学』学文社，1998年

工藤達男・坪井順一・奥村哲史『現代の経営組織論』学文社，1994年

Hammer, M. & Champy, J., *Reengineering the corporation*, Linda Michaels Literary, 1993.（野中郁次郎監訳『リエンジニアリング革命』日本経済新聞社，1993年）

●第2章のポイント

■歴史的な人間の発展を知ることで人間社会に対する理解を深める。

■近代社会という歴史区分が今日の人間にどのように影響を与えたかを理解する。

■組織の中での人間観の変遷について理解する。

◉ 基本用語

【近代社会】　市民革命を契機として成立した市民社会のこと。

【封建遺制】　今日の社会の中に封建的な名残を残存させていること。

【人間観】　経済人，機能人，職能人，社会人，経営人等々，理論の発展に伴って，人間に対するモデル化された人間観が存在する。

第2章　組織における人間

　歴史の中で，人間がどのように権利を拡張してきたかを理解してほしい。それが，人間性を主体的に考えるための契機となる。

1．人間と社会の発展

　人間をどのように把握するかによって，人間観そのものがかわり，組織における人間の認識もかわってくる。組織論や経営学の領域においても，通常は人間という前提が所与のものとして展開されているが，その基本的な前提を検討しておく必要がある。組織における手段と目的論については第1章で触れられているので，ここでは繰り返さないが，この章では，経営学の範疇を多少逸脱するけれども，人間について補足的に考えてみたい。

　社会の仕組みの中で，人間は一朝一夕に今日の立場を築いたのではない。今日の人間の姿は，歴史における長い発展の過程の中でたどり着いた，一つの到達点に過ぎない。有史以来，数千年の歴史の発展の中で，人間はさまざまに取り扱われてきた。原始共同体社会から奴隷制社会を経て中世の封建制社会へ，社会が進化するにつれて人間観も変化してきた。たとえば，原始共同体社会は，血縁による大家族を中心とした共同体であり，未熟な労働手段と低い生産力のもとで，かろうじて自給自足の生活を維持しているに過ぎなかった。生きるための労働は全て必要労働であり，共同体に指導者がいたとしても，それは権力者ではなく，搾取や収奪もなく支配と服従の関係もなかった。ただし，こうした平等な関係は，共同体内部に限られ，土地をめぐっての共同体同士の衝突は行われていた。やがて，生産力の増加によって，余剰生産物を生じるようになると交換が行われるようになる。余剰生産物の発生は，共同体内に大きな変化をたらすことになる。一つは家族の形成である。生産力の増大は人口の増大を引き起こし，労働形態は，共同体の全構成

員による共同労働よりも，個々の血縁を中心とした労働単位＝家族へと移行していく。こうして生産物や生産手段が家族に私的に所有されるようになる。私的所有は，個々の家族間に生産力の差を作り出し，貧富の差を発生させ，持てる者と持たざる者という階級社会を出現させることになる。また，共同体の指導者は，余剰物の蓄積を基礎として，権限を強化し，権限はやがて権力へと転化し，共同体内に支配-被支配の関係が形成されるにいたる。変化は共同体間にも起こる。共同体間の戦いにより勝者は敗者を支配下におき，敗者の生産物を搾取し，敗者を奴隷として使役するようになる。共同体間にも支配と被支配の関係が生じ奴隷制社会へと移行していく。

　奴隷制社会は，一般的には2つの形態があるといわれている。一つはアジア的生産様式といわれ，東洋的専制君主の支配の下に隷属した形態であり，もう一つはギリシア・ローマ的形態と呼ばれるものである。前者は，古代エジプト，メソポタミア，古代中国などの大河文明発祥の地や律令制下の日本などであるが，大規模な治水灌漑事業の達成のために多くの人間が共同作業に携わり，強力な専制君主の下に貢納，労役などの負担が課せられ，多くの共同体が隷属することになった。こうした隷属民は身分的に売買の対象にならなかったから奴隷ではないという見解もあるが，数多くの強制労働や無償労働が課せられた実体をみるならば，奴隷労働に等しいといわなければならない。アジア的生産様式の特徴は，身分が奴隷として規定されるのではなく，その社会の権力者や支配者階層に隷属していた点にある。一方後者は，大土地所有貴族を支配者として，商業の発展とともに，奴隷は「ものをいう道具」として，直接売買の対象となった。古代ギリシアやローマは，私有財産，土地の私有化が発達し，奴隷もその中で私有化され，農耕，鉱山，商工業の労働力として使用された。この時代は奴隷労働が社会的生産の中核を占めていたが，やがて労働自体を卑しい奴隷的なものと軽視する風潮を生み，生産手段や生産技術の停滞を招くこととなった。征服戦争の終了による新たな奴隷獲得の困難さと奴隷による反乱などを契機として，ラティフンディウ

ム（奴隷制大農場）から奴隷を解放し，土地を貸し与えて一定の小作料を上納させるなど，支配体制のあり方に変化はみられたが，奴隷制そのものが廃止されたわけではなく，さまざまな制約の下で仕事に従事したにすぎない。商業の停滞とともに奴隷制社会も次第に変化していったが，奴隷という存在は時代や場所を越えて存在し，地球上から奴隷がいなくなるには19世紀まで待たねばならなかった。

奴隷制社会では人間は道具として売買の対象となり，殺生与奪権は奴隷主に握られていた。社会的には重要な労働力であっても，家畜と同じく，単にその労働力のみが必要とされていたにすぎず，当然のことながら自由は与えられなかった。特に，共和制ローマでは貴族を中心として土地や私有財産を所有した自由民による共和制をとりつつも，その下に自由を認められない多数の奴隷がいるという社会構造をもっていた。末期には，奴隷は小作人として土地を貸与され，小作料や一定の上納を行えば，残りは自由裁量の余地が生まれるようになった。いうまでもなく，小作人の手元にはごくわずかな生産物しか残らなかったのであるが。小作人は移動の自由こそなかったが，家族をもち，奴隷ほどではないにしても身分的に拘束され，やがて封建社会の中で農奴として位置づけられていく。彼らはわずかな取り分を少しでも増やそうと労働用具を改良し，生産性の向上に努め，結果的に社会全体の生産力を増大させることになった。

封建社会の特徴は，時代や場所により形は異なっているが，領主対農奴，あるいは君主対家臣という隷属した関係の下で固定的な身分制度が成立し，その身分制がさらに細分化されてピラミッド型の位階制をなしていたことにある。さらに，経済外法制により，賦役，生産物地代など，一方的な収奪も行われていた。また，手工業の発達に伴って高度の技術を必要とする専門的手工業も存在し，こうした手工業者がギルド（同業組合）を組織した。ギルドは同業の親方だけの組合であり，しかも親方の数は厳しく制限されたので，親方に従属して働く多くの職人や徒弟を作り出すことになった。職人や

徒弟は自ら作ったものを自由に売買することができず，親方を通して，あるいは親方から仕事をもらって働く以外にはなかった。農業生産や手工業における生産増大は，生産物の交換を活発化させ，商業の発展をみるにいたる。

　封建社会から近代社会への発展については，次節において説明する。しかし，人間に対する認識は，時代や体制によって，人間の主権や主体性が異なり，その中で人間観も変化してきている。人間の歴史を知ることは，人間をより深く認識することでもある。現代に生きる人間が，歴史の発展の中で何を勝ち取ってきたのかを知れば，人間の役割も自ずと明白になる。

2. 近・現代における人間

　封建体制を倒して資本主義社会を確立した，その直接の契機となったのが市民革命である。市民革命は，体制の変革を意味するだけではなく，人間という存在を発見する契機ともなったものである。世界各国の市民革命の時期は異なり，その内容も国によって差はあるが，封建制から近代社会への変革として重要な意味をもっている。もっとも早く市民革命が起こったのはイギリスであるが，主要な国々の市民革命をあげると，以下のようになる。

```
イギリス　1642年　ピューリタン革命
　　　　　1688年　名誉革命
フランス　1789年　フランス革命
アメリカ　1776年　独立戦争
日本　　　1868年　明治維新
```

　これらの市民革命を経て，歴史は近代になる。近代社会とは市民革命によって成立した社会であり，封建体制下でのさまざまな束縛・制約から解放された社会でもある。市民革命により成立した社会は市民社会（civil society）とも呼ばれているが，この場合のシヴィルという言葉は2つの意味を含んでいるという[1]。一つは，自然，未開，野蛮に対する文明を意味しており，もう一つは，教会や軍隊などの制服組に対する一般人という意味である。つまり市民社会とは文明化された社会であると同時に，教会や軍隊など宗教的支配

や封建的領主による身分的・拘束的抑圧から解放された一般人の社会なのである。今日でもcivilian controlを文民統制と訳し，軍人ではない文官によって軍隊を指揮する形が取られているが，武力を政治の上で先行させないことは民主的形態の一つの要素である。

　さて，近代社会とともに，近代化という言葉をよく耳にする。近代化とは何をどうすることであろうか。一般的な近代化の概念は，西欧化，工業化，民主化，あるいは合理化などの意味で用いられている。それぞれの言葉が近代化の一面をとらえてはいるが，「近代化」という概念の歴史的背景を理解した上での用法とはいいがたい。近代化は第一に歴史的概念である。つまり，歴史的な過程における思想的な背景を伴って成立している用語である。近代化の「近代」とは，もちろん近代社会としての「近代」を意味している。しかし，今日の社会は，当然のことながら近代社会ではない。歴史区分からすれば，1914年の第1次世界大戦以後の社会は現代社会である。にもかかわらず，未だに近代化が問題になっている。理由の1つは，近代と現代という用語の明確な区別がされていないこと。2つ目は，日本の社会が現代社会であると同時に，近代社会としての課題を多く抱えたままの，前近代的な要因を数多く残しているからである。今日の社会は，封建遺制を克服することにより真の近代社会を築くとともに，併せて現代的な課題にも対処していかなければならない社会であることを認識しなければならない。

　近代社会とは何かに関するいくかの指標がある。

　① 人間の解放：古代社会における奴隷制，中世における農奴やギルド的束縛，近代社会では，こうした身分的・地域的束縛から解放され，自らの意思で自らの労働力を自由に販売できるようになった。労働力が商品化され，労働力を売らないと生きていけなくなったが，過去の人間の歴史的存在からすれば，大きな進歩である。形式的ではあるが，さまざまな生存権，自由権が獲得された。

　② 個人主義の確立：個人主義とは「個」が発見され，自我の確立がみら

れる社会である。近代以前は封建領主や教会の権力の下に，人間は抑圧され，個人の主張を自由に述べることはできなかった。全体と個という観点からすれば，近代以前の社会は，全体が個に優先する社会であった。この場合の全体とは，国家，組織，村，さまざまな集団，血族や家族など家父長制を含めた人間の支配構造を意味している。近代社会は，全体よりも個人が優先される社会であり，現代社会は，個人主義の弊害を克服しつつ，全体と個が調和する社会であることを目指している。ちなみに，個人主義と利己主義とは異なっている。自分が他人から尊重されたいと思うなら，同じように他人を尊重する。こうした自己尊重プラス他者尊重という相互尊重の思想が個人主義である。

③ 基本的人権と平等主義：憲法上は保障されている思想であるが，わが国では必ずしも実体的な認識を伴っているとは言い難い。その理由は，第1に，こうした諸権利が，ヨーロッパの市民革命のように，絶対王政との戦いの中で自ら勝ち取ったものではなく，時の政府から与えられたものであること。第2に，さまざまな制度や組織は外国から導入したけれども，その背景にある精神や思想を併せて取り入れなかったこと。第3に，法にしても，イギリスのように慣習法を土台として，マグナカルタ（1215）や権利の章典（1689）のような長い歴史の積み上げとして獲得したものではなく，明治時代になって政府が法体系をドイツから輸入し，強く規範的性格を帯びた制定法として施行していったことに由来する。その結果，当然のことながら法意識の上で「権利」意識が希薄で義務の観念が先行することになる。現実的には，紛争解決にも訴訟を起こして権利を主張するよりも当事者間の和解で収拾することが選ばれる。第4に，宗教的背景の相違である。キリスト教では，神の下では人間は皆平等であるという基本理念によっている。「神が汝を愛するごとく，汝の隣人を愛せよ」とは，神と人間との関係（縦の関係）を隣人へ広げようとする（横の関係）ものであるが，しかし，この思想は日本の宗教の中には存在しない。日本人にどこまで宗教心があるのか，日本人

にとって宗教とは何か，実のところよくわからない。日本人の神仏詣では，惰性的・形式的慣習か，あるいは苦しいときの神頼み式のご都合主義であり，神との関係も個人のエゴイスティックな祈願や，せいぜい家族の無病息災を祈願する程度にすぎないという指摘[2]は，その通りであって，神と人間との縦の関係にとどまり，しかも祈願や願望などの一方通行的な関係にすぎず，人と人との関係への広がりがみられないことが致命的な欠陥である。こうした関わりの中では，神の存在が日常生活を律するほどの重みを持ち得ない。キリスト教では，たとえばプロテスタントのように，神との関係の中に自己に対する戒めや自己規制をもつことで，常に神との関わりを身近なものとしてとらえている。職業にしても，神が利得の機会を与えてくれたのだから，その機会を誠実に履行しないことは神への冒瀆であるとして勤勉に働くのである。神という存在が個人の精神的・道徳的な面と結びついている。

④ 自由主義：近代社会の指標としての自由主義は，個の確立を前提として成り立つ制限された自由である。経済思想上は，一切をあるがままに任せることが最良の政策と考える自然法の哲学に基づいていた。「神の見えざる手」によって予定調和（秩序）が導かれるというスミス流の楽天主義はこうした現れである。しかし，社会思想上は，自由とは決して自由放任を意味しない。ベンサムは，周知のように社会の幸福は個人の幸福の合計であり，できるだけ多くの人間が最大限の幸福を手に入れることのできる社会を理想社会と考えた。彼は幸福を基準として，それに役立つものは倫理的善であり，役立たないものは倫理的悪であると考え，人間の自由や幸福の妨げとなるような封建的諸制約を破壊する必要を説いた。換言すれば，自由は封建制度を否定することから成り立っている。また，それに加えて個の確立によって成立した個人と個人との相互関係，いわゆる個人主義が利己心や宗教的な自己規制を通して，社会観念上の自制を認識することとなった。個人＝自由意思主体によって構成される近代市民社会は，ある意味で自由主体者による予定調和を期待した社会であった。現代社会においては，国家は，人間をさまざ

まな価値観をもつ社会的存在として認識し，予定調和に期待することなく生活への配慮を行わねばならないという課題を負うている。

⑤ 契約社会：歴史を近代と前近代に区分し，それぞれの特徴を分析した上で，前近代から近代へと歴史が発展するとした多くの発展段階説がある。有名なメーン（イギリスの法学者，1822-1888）は，もっとも原初的な社会形態である父権制的社会において身分的に拘束された家族構成員が，個人として法的に解放されていく社会進化の過程を「身分から契約へ（from status to contract）」と表現した。また，テンニエス（ドイツの社会学者，1855-1936）は，メーンの図式に影響を受け，社会の発展は血縁や地縁に基づいた共同社会ゲマインシャフト（Gemeinschaft）から，利益社会であるゲゼルシャフト（Gesellschaft）へ発展することを示した。英語流に表現すれば，communityからsocietyへの発展である。ゲゼルシャフトは通常，利益社会と訳されることが多いが，内容的には，人間が個人と個人との契約によって形成された合理的な社会を意味しており，契約社会と呼ぶ方がふさわしいように思われる。

近代社会では，すべての人間が自由な主体的意思のもと，商品生産や商品交換，婚姻などの社会関係を含め，あらゆるものが個と個の契約関係によって成立している。封建時代にも契約関係は存在したが，それは対等・平等な主体者同士の契約ではなく，身分制などの制約の下にあった。また，個人の存在は共同体の中に埋没しており，契約関係は成立していなかった。

わが国の場合，封建遺制の残存により，今日に至ってもなお近代的な契約概念が希薄であり，義理や人情が先行したり，社会的なルールに対しても遵守する意識に欠けるきらいがある。

⑥ 民主主義：民主主義という言葉は，非常に多様な概念を含んでいる。

民主主義における多数決の原理は，一人ひとりの人間が独立した個人として存在し，自我の確立の下に自己主張をし，判断する能力をもっていることを前提として成立している。判断能力をもつことを前提として，一人ひとり

の意見に重みがあるのであって，烏合の衆が地縁・血縁や利害関係だけで多数を占めることは，多数決の原理の精神ではない。今日の民主主義は，封建時代よりは発展したが，まだまだ形式的な民主主義にすぎない。近代社会成立期における民主主義に限定していうならば，それは市民的・ブルジョア的民主主義である。民主主義の語源は，ギリシア語の「人民と権力」が結合した言葉であることはよく知られているが，古代ギリシアの民主政治は，市民政治とはいっても，社会の大多数を占める奴隷は当然のことながら排除されていた。フランス革命は民主主義の発展に大きく貢献したが，その主体は第三身分と呼ばれる中産市民階級であった。シェイエスは，第三身分とは「国民のすべて」であると規定したが，現実には下層市民や農民は主体者になり得なかった。民主主義の基本原理は，自由，平等，主権在民であり，どのようにして，こうした形態を実現するかが問題であった。ロックは，この基本原理に人民の利益に反する政府を打倒する革命権の思想を加えている。アメリカの独立宣言やフランスの人権宣言はロックの影響の下に，この思想が加えられている。民主主義を口にすることは簡単であるが，何が民主主義であるのかは，今日の形態も含めて問われなければならない。近代社会の指標としての民主主義は，ブルジョア的であるという制約はあるものの，近代以前からすれば，基本原理は一応保障されている。しかし，原理的な解明がなされても現実的な政治形態や主権在民，議会政治，大資本と政党の結びつきなど多くの課題が残されている。

　先にも書いたように今日は近代社会ではない。今日の現代社会では，近代を超克しつつ現代的課題にも取り組まなければならない二重の課題が課せられている。組織における人間の存在を考える前提として，人間そのものの発展について触れてみた。

3. 組織における人間観の変遷

　この節では，組織における人間観の変遷を検討していきたい。経営学にお

ける人間観も時代により変化してきている。ここでは経済人から社会人，そして経営人という変遷について説明することにする。

社会経済的には個人が解放されたが，経営組織の中での人間は，合理化の枠内で個人化が行われ，機械化という他の要因に制約された個人化にすぎないという指摘は，まさにその通りである。経済人は，組織の近代化の中で合理主義に貫徹され，賃金や作業条件の改善が作業能率の向上に関係するというテイラーの科学的管理法や官僚制機構にみられるような組織化がされ，職位化された機能人，職能人を基本とする。テイラーは，標準化の原則を通してタスクを設定し，差別出来高給制度のように経済的な刺激を強調することで労働意欲を高めることに努めた。そこでの人間は経済的利害に基づいて行動する，生産の歯車としての無機的で，没人格的な存在としてとらえられていた。また，官僚制においては，明確な職位指向の中で，個人は秩序的・機能的に行動することが求められる。そこでの人間は，個人の意思に関係なく職務を忠実にかつ専門的に遂行する機能人であり，没個性的・非人格化された存在である。経済人としてとらえられる人間観は機能人・職能人であり，没個性的・非人格化を特徴としている。

合理的で最適化を指向する経済人に対して，人間関係論では非合理的行動をする社会人が提唱された。社会人は人間の心情や感情に基づき，個人的・心理的欲求によって行動すると同時に，非合理的な価値観によっても行動する人間であった。マーチ＝サイモン[4]は，この点について，社会人は態度，価値観，個人目標を組織に持ち込む存在であり，個人目標と組織目標が一致することはないが，組織行動に参加することを動機づけ，あるいは誘因づけられる人間として把握している。組織目標の中に個人の価値観や感情を持ち込む没論理的な感情人，あるいは社会人の姿がそこにある。人間関係論は人間を全人的な人間として把握する端緒となったが，非合理的・感情的側面だけで組織活動ができるものでもない。人間関係論の限界はそこにあった。

経済人が経営組織の近代化の中でとらえられ，社会人が近代化の限界を示

したのに対して，現代の人間観は，社会人のように非合理性だけを基準とするのではなく，非合理的な判断も加えながらも可能な限り合理的な意思決定をし，また経済人のように最適原理を追求するのではなく，満足基準によって行動する自律的な人間であるとする。これを経営人（administrative man）あるいは管理人という。経営人は，意思決定者であると同時に自律的な問題解決能力の保持者であることを特徴とする。現代的な人間観や今日の人間の理論的前提は経営人を基本としている。

マーチ＝サイモンは人間を有機体，あるいは複雑な情報処理システムとみなしながら，人間有機体の特有の性格が組織の中の人間行動の性格の部分的な基礎になっていると考えている。経済人では，人間有機体を単純な機械と考え，機械のもつ能力，速度，持久力，そして費用などを目的達成の制約条件として理解した。社会人では，環境は刺激あるいは刺激の体系であり，個人は刺激に喚起され，刺激に適した反応行動をとるものとして理解される。有機体は，喚起された所与の要素から，豊富な連想のネットワークをもち，ある1つのきっかけが多数の反応を喚起し，その結果，さまざまな態度，選考評価などが行われる。具体的には，組織の目的の中に組み込まれ，動機づけられることによって，人間行動にどのような影響を及ぼすかが考察される。これに対して，経営人である意思決定者としての人間は，合理的な人間としての諸性質をもっている。マーチ＝サイモンの理論展開は，人間行動の機械的側面（経済人），動機的側面（官僚制，動機づけ，組織均衡，コンフリクト：社会人），そして合理的側面（経営人）にまとめられている。ただし，経営人として取り上げられる合理性は，主観的合理性であり，現象学的には，一定の準拠枠（frame of reference）に基づく合理性にすぎない。人間の知的能力には限界があり，合理的な行動に必要なことは，問題の複雑性のすべてをとらえるのではなく，単純化したモデルとして対象把握を行うことである。あらゆることを把握することが事実上不可能であるがゆえに，制約された合理性の中で合理性を発揮しようとする人間観がそこにある。

4. 個人人格と組織人格

　組織の中で存在する人間は，個人的な目的や関心から行動する側面と，その個人が組織に属して，組織の一員として行動しないといけない側面とを併せもっている。前者を「個人人格」といい，後者を「組織人格」という。人間は両方の人格を併せもつ存在でありながら，おかれた立場や状況に応じて，どちらかの人格に基づいたり，調整して行動している。バーナードは，人格の問題を，人間の一般的特性として以下のように4つにまとめている。[6]

① 個人の重要な特徴は活動（容易に観察される側面行動）であり，行動なくして人間はありえない。

② 個人の行動は，環境との関連から個人の現状を決定している物的，生物的，社会的要因の総合的な結果である。バーナードは，これを心理的要因と呼んでいる。

③ 人間は，選択力，決定能力，自由意思をもつ。しかし，選択力には限界があり，また選択には可能性の限界があり，意思決定とは選択を狭める技術を意味している。

④ 意思決定力を限定することを目的の限定という。組織化された活動においては，目的を設定することにより，個人の自由意思は制約され，組織目的に向かって協働しなければならなくなる。

　前述したように，人間は個人としての人格をもち，自由な意思のもとに行動している。組織に所属するか否かは，個人の意思によるものである。しかし，組織は個人を組織に引き入れるか，あるいは組織に継続的に参加させるために，何らかの形で個人が満足を得るような誘因（inducement）を提供しなければならない。誘因が個人に満足を与えるものであれば，個人は組織に参加したり，引き続き留まって組織に対する貢献（contribution）を続けることになる。個人の観点からすれば，個人の満足度と組織の目的が統合されることが望ましい。しかし，それはあくまで必要条件であり，基本的には個

人の動機と組織の目的が一致するわけではない。にもかかわらず，人間が組織的な活動を行う理由は，個人では達成することのできない目的も協働することで達成可能になるからである。こうした意味では，バーナードの誘因―貢献の理論は，組織行動の中に，いかに個人を引き入れて目的を達成させるかという，動機づけ理論にほかならない。

　バーナードは，組織目的と個人の動機が一致するものではないことを認める一方で，それらが統一可能であると考えた。個人は人格をもった自律的人間であったが，組織人格として行動するときには，個人人格をもちながらも複数の人間による協働システムの中で，その構成員として存在しなければいけない側面ももっていた。協働システムとは，組織として達成すべき目的のもとに，個人人格を調和しようとするものであり，そのためには，個人人格はある程度抑制されながらも協働システムに参加させるだけの魅力，すなわち誘因が必要となる。誘因は経済的欲求だけでなく，満足度を基準として個人的に判断されるものである。協働に参加するための誘因が満足いくものであれば，個人は組織に参加し，他の構成員とともに組織目的の達成に向けて努力することになる。また，組織内においては，協働による個人と個人との関係，すなわち社会的関係が生じ，さらに，個人間だけではなく，個人と集団，集団と集団，外部組織をも含めて，組織を構成するさまざまな要因が相互に作用し合う状況が形成される。組織人格としての人間は，さまざまな要因の影響を受けながらも組織的に行動するものとして把握される。

注）
1) 高島善哉『アダム・スミス』岩波新書，1968年，53-64ページ
2) 山田一郎『激変する社会環境と経営革新』日本経営出版会，1973年，87ページ
3) 森本三男『経営組織論』森山書店，1970年，4ページ
4) マーチ＝サイモン著，土屋守章訳『オーガニゼーションズ』ダイヤモンド社，1977年，10-11ページ

5) 森本三男，前掲書，25ページ
6) バーナード，C.I.著　山本安次郎訳『経営者の役割』ダイヤモンド社，1968年，13-15ページ

▶ 学習の課題
1 封建社会から近代社会になって，人間の何が変わったのかを議論しよう。
2 真の民主主義とは何かを考えよう。人間観を考える基本がそこに存在する。

◆ 参考文献
工藤達男・坪井順一・奥村哲史『現代の経営組織論』学文社，1994年
田口冬樹・坪井順一『消費者のための経営学』新評論，1991年
バーナード，C.I.著，山本安次郎訳『経営者の役割』ダイヤモンド社，1968年
マーチ＝サイモン著，土屋守章訳『オーガニゼーションズ』ダイヤモンド社，1977年
森本三男『経営組織論』森山書店，1970年

●第3章のポイント
■企業が組織を編成する際の原理を学ぶ。
■ライン組織，ファンクショナル組織，ライン・アンド・スタッフ組織など基本的な組織形態の特徴を理解する。
■今日の大企業組織の基本形態となっており，さまざまな発展的組織形態の基礎となっている事業部制組織の構造と特徴を学ぶ。

◘ 基本用語
【スタッフ】　ライン組織に対して専門的な見地から助言・助力を行い，ライン組織の活動を援助・促進する部門。
【分権的組織】　さまざまな事項について決定する権限がトップ・マネジメントに集中している組織は集権的組織と呼ばれ，こうした組織では従業員は多くのことに関して自ら決定する権限をもたない。これに対してトップ・マネジメントが下位の従業員に大きく権限を委譲した組織は分権的組織と呼ばれ，従業員は多くのことに関して自ら決定する権限をもつ。
【ツーボス・マネジャー】　同時に2人の上司をもつ管理者。マトリックス組織はツーボス・マネジャーの組織。

第3章　組織の基本形態

1．ライン組織

　ライン組織（line organization）は，軍隊組織（military organization）とも呼ばれ，もっとも古くから存在する組織形態である。「命令一元化（unity of command）の原則」および，「統制の範囲（span of control）の原則」という2つの組織原則に基づいて組織が形成されている。「命令一元化の原則」は，組織の構成員はただひとりの上司から命令を受け取らなければならないという原則である。また，「統制の範囲の原則」は，ひとりの管理者が同時に監督できる部下の数には一定の限界があるという原則である。

　ひとりの管理者が同時に監督できる作業者は15人くらいが限度であるといわれている（作業者監督の範囲）ため，たとえば1500人の作業者を有する工場においては，これらの作業者を監督するには100人の管理者が必要である。1500人の作業者は100人の管理者の下で，100のグループを作って仕事をすることになるが，この100グループの仕事は組織の統一的な目標の下に調整されなければならないから，この100人の管理者（管理者A1～A100とする）はさらに上位の管理者によって監督される必要がある。管理者の仕事は作業者の仕事より複雑であるため，管理者を監督する範囲は作業者監督の範囲より狭く，3～4人であるといわれる。管理者監督の範囲を3人以内とすれば，管理者A1～A100を監督するためには管理者が少なくとも34人（B1～B34）必要ということになる。これらの管理者はさらに上位の管理者（C1～C12）から監督を受ける必要があるが，このようにして組織に階層が形成されることになる。

　それぞれの階層は「命令一元化の原則」にしたがって，上司と部下の関係で統合される。それぞれの職位には権限と責任が明確に規定されており，企

図表3-1　ライン組織

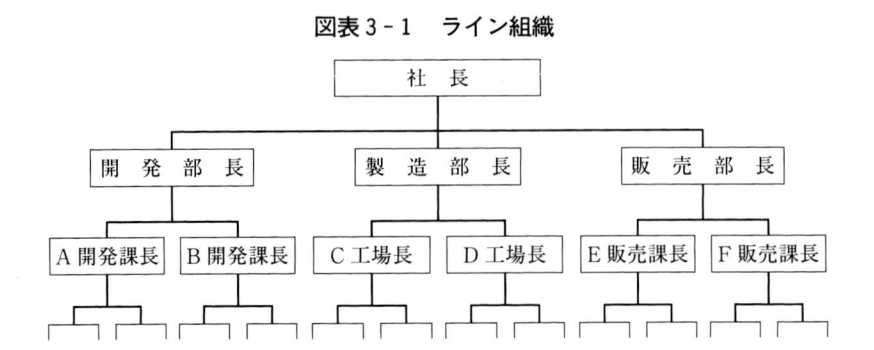

```
           社　長
    ┌───────┼───────┐
  開発部長   製造部長   販売部長
  ┌─┴─┐   ┌─┴─┐   ┌─┴─┐
A開発課長 B開発課長 C工場長 D工場長 E販売課長 F販売課長
```

業組織の場合には開発，製造，販売というような機能ごとに組織が分けられているのが一般的である。

　ライン組織の長所は，権限と責任がきわめて明確なことである。また，命令系統が明確であるため，命令が迅速に伝達される。したがって，組織の規律を維持しやすい。

　この組織の短所は，組織の規模が大きくなると，上位の管理者の責任が重くなり，責任を果たすことができなくなってくることである。また大規模な組織においては，組織の階層数が増え，いわゆる腰高の組織（tall organization）となるため，上から下への情報伝達にはそれほど問題はないものの，下から上への情報伝達にはさまざまな問題が生じることになる。すなわち，下から上への情報伝達は時間がかかるだけでなく，たとえば現場における事故やクレームの発生などにおいては，管理者は自らの責任を問われるような情報を除外して上位者に報告する傾向があることから，情報が歪曲化される恐れも生じる。さらに，横の組織単位間でのコミュニケーションは，情報がまず上位者に伝達され共通の上位者を介して情報が伝えられることから，時間的なロスが大きくなる。組織管理の観点からすると，組織階層の低い組織（flat organization）の方が効率的であるが，企業規模の拡大とともに組織階層は高くならざるを得ない。

2. ファンクショナル組織

　ライン組織の管理者は包括的な権限と責任が与えられるため，上位の管理者の負担が重くなりすぎる欠点があった。ファンクショナル組織（functional organization）は，この管理者の負担を軽減しようとする組織形態である。すなわち，ひとりの管理者がいくつかの職能（function）を遂行している場合には，職能の数だけ管理者を置きひとりの管理者が一つの職能を担当することによって管理者の負担を大幅に軽減しようとすることを目指している。従業員は，職能ごとに異なった管理者から指示・命令を受ける。

　テイラーの提唱した職能的職長制（functional foremanship）が職能組織の代表的な例である。彼は，職長の仕事を執行職能と計画職能の2つに分け，それぞれに4人の職長を配置した，執行職能は，①着手係，②指導係，③検査係，④修繕係の4人の職長が担当し，計画職能は，⑤仕事の順序および手順係，⑥指導票係，⑦時間および原価係，⑧工場監督係の4人の職長が担当した（図表3-2）。

　職能組織の長所は，職能ごとに専門の管理者を置くことになるため，管理者の負担が大幅に軽減されること，およびそのために管理者の養成が容易になることである。

　これに対して，職能組織の短所は，「命令一元化の原則」に反するため組織に混乱が起こることである。同時に複数の上司から命令を受けた従業員はどの命令を優先して仕事をすればよいのか，また矛盾する命令を受け取った場合にどちらの命令に従えばよいのか判断ができない。テイラーの提唱した職能的職長制はこのような理由から現実の企業組織に積極的に導入され，発展することはなかったが，その原理は今日も重視されている。ファンクショナル組織をライン組織の一部に導入する組織形態もかつて提唱された（図表3-3）。

図表 3-2　テイラー式職能組織

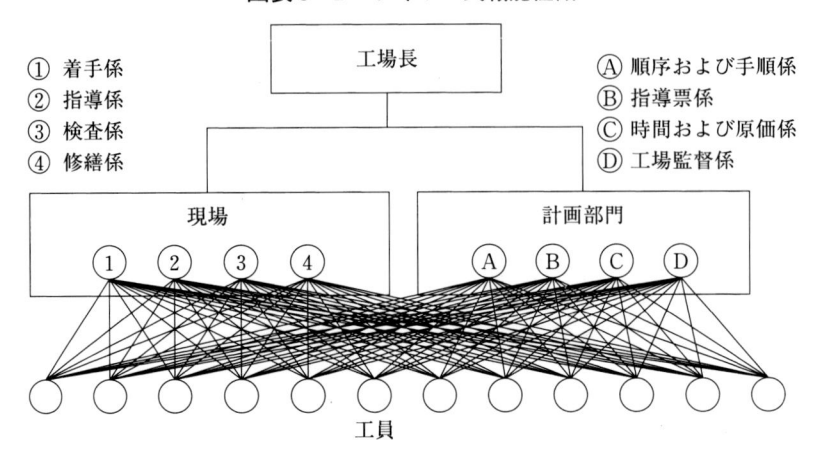

① 着手係
② 指導係
③ 検査係
④ 修繕係

Ⓐ 順序および手順係
Ⓑ 指導票係
Ⓒ 時間および原価係
Ⓓ 工場監督係

工場長

現場　　　計画部門

① ② ③ ④　　Ⓐ Ⓑ Ⓒ Ⓓ

工具

出所）藻利重隆『経営管理総論』千倉書房，1968年，465ページ

図表 3-3　直系・職能組織

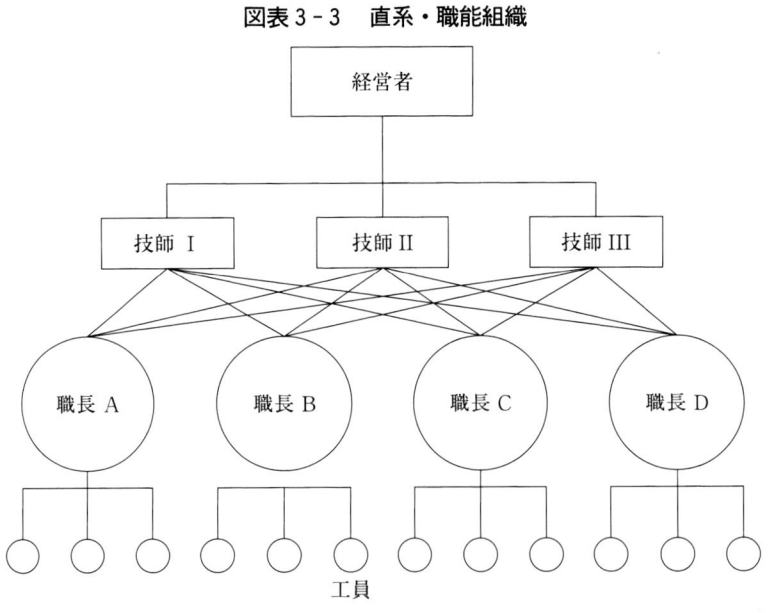

経営者

技師Ⅰ　技師Ⅱ　技師Ⅲ

職長A　職長B　職長C　職長D

工具

出所）藻利重隆『経営管理総論』千倉書房，1968年，480ページ

3．ライン・アンド・スタッフ組織

　ライン組織は組織の秩序や規律が維持しやすいという長所があったが，上位の管理者の負担が重くなりすぎるという短所があった。そこで，ライン組織の長所を生かしながら，短所を補おうとしたのがライン・アンド・スタッフ組織（line and staff organization）である。

　企業経営が高度化・複雑化すると，さまざまな領域に及ぶ高度な専門知識を経営者が自ら獲得することは不可能である。そこで大規模な企業は法律，会計，技術，情報などの専門領域を担当するスタッフ部門を設け，経営者や管理者に対して助言することによって，その職務の遂行を助けることになる。このように，ライン組織にスタッフ部門を付け加えた組織がライン・アンド・スタッフ組織である。

　スタッフの起源は1860年代にプロシャ陸軍が採用した参謀本部（general staff）制度に求めることができる[1]。プロシャの将軍フォン・モルトケ（von Moltke）は，首相ビスマルクの下で陸軍の組織改革を行った。それは新たに陸軍に参謀本部を設置し，軍事計画のすべてをここに集中するとともに軍事上の必要事項を各方面の専門家に研究させるというものであった。プロシ

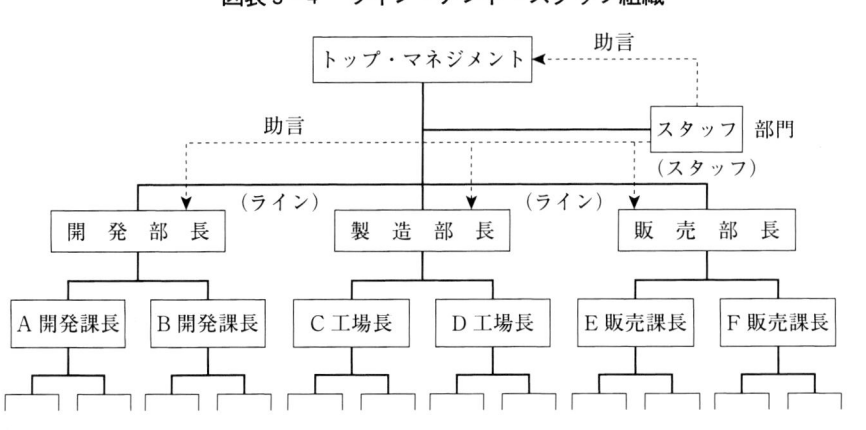

図表3-4　ライン・アンド・スタッフ組織

ヶ陸軍の参謀本部制はきわめて大きな成果をあげることになったが，後に経営学者エマーソン（Emerson, H.）によってこの参謀本部制の組織形態が企業組織に導入された。

ライン・アンド・スタッフ組織の長所は，「命令の一元化の原則」に従いながら専門家の助言によって上位の管理者の負担を軽減することができることである。

今日，ほとんどの大規模企業がこのライン・アンド・スタッフ組織を採用しているが，問題点がないわけではない。スタッフが助言的立場を超えて行動したり，助言を受ける管理者がこれを命令と受け取るような場合には，命令一元化の原則に反する事態になり，組織に混乱がもたらされる。逆に，スタッフの助言が管理者に聞き入れられない場合には，スタッフ部門を配置している意味がなくなってしまう。

4. 事業部制組織

事業部制組織は1920年代に，デュポン，GM，シアーズ，GEなどのアメリカ企業に始めて採用された。今日，多くの企業が事業部制組織形態を採用しているものの，それが本格的に普及したのは第2次世界大戦後のことであった。

事業部制組織は，多角化戦略と密接な関連をもっている。換言すれば，事業部制組織は製品を多角化した企業の管理に適した組織形態である。したがって，今日事業部制組織は一般に普及した組織形態であるが，素材産業のような多角化になじまない企業では事業部制組織形態が採用されていないところもある。

企業が製品多角化政策をとると，生産・販売すべき製品が増加する[2]。これは製品によって生産技術や生産方法，必要な労働の質が異なることを意味する。また，製品によって市場も異なってくる。このような場合には，多種多様な製品を生産とか販売というような職能別に管理することがむずかしくな

る。多数の製品をもつ企業においては，職能別に組織を編成するのではなく，製品別に組織を編成したほうが合理的である。事業部制組織は製品を基準として部門編成をした組織形態であるが，その他にも職能別組織形態にはあまりみられなかったいくつかの特徴をもつ。[3]

(1) 事業部制組織の特徴

まず第1の特徴は，各製品部門が自立的であるということである。すなわち，事業部制組織の各製品部門（事業部）は，①それが独自の製品と市場をもち，②生産と販売を合理的に行うのに必要な幅広い権限を与えられており，③独自の管理者層をもっている。

第2の特徴は，トップ・マネジメントが，事業部長以下に大幅に権限を委譲する一方で，①企業全体の予算配分の決定権と，②事業部長らの人事権を握っているということである。事業部制組織は分権的組織の典型として知られており，トップ・マネジメントは事業部長以下に大幅な権限委譲を行っている。その結果，トップ・マネジメントは部門管理の仕事から解放され，全社的見地から各部門を調整する，いわゆる全社最適を目指すことができるようになる。また，トップ・マネジメントは事業部長に大幅な権限委譲を行うけれども，事業部長の業績を評価し，この評価に基づいて人事異動を行う強い権限をもっている。

第3の特徴は，独立採算制がとられていることである。各事業部がプロフィット・センター（profit center：利益計算の単位）とされ，事業部ごとに損益が算出される。その結果，各事業部は利益の獲得に熱心になり，事業部間で競争も行われる。大規模な企業の場合，同じ企業の中の事業部間で原材料や部品の取引が行われるのが普通であるが，ある事業部が，他の事業部から仕入れる部品や原材料が，一般市場から仕入れた場合に比べ価格や品質の点で劣る場合，その事業部は他の事業部からの仕入れの拒否を宣言することができる。すなわち，各事業部は内部取引において忌避権（right of nullification) をもつことが認められている。

　第4の特徴は，各事業部内は職能別に組織が編成されているということである。すなわち，第1次的な部門編成は製品別に行われるが，事業部内は職能別に組織編制が行われている。

(2) 事業部制組織の長所

　事業部制組織は多くの長所があり[4]，それゆえ今日大半の企業が何らかの形で事業部制組織を採用している。その長所は，まず第1に，トップ・マネジメントは現業的な執行上の仕事から解放されるため，彼らの本来の仕事である全社的な意思決定に専念することができる。企業を取り巻く環境変化が激しい今日，長期的な市場の動向やライバル企業の行動を予測しながら戦略を立案することは，企業の生死を決定するほど重要な仕事になっている。事業部制組織を採用することによって，トップ・マネジメントが現業的な仕事を部下に委譲することができて初めて，トップ・マネジメントは本格的に経営戦略の策定に携わることができるようになったと考えられている。

　第2に，事業部制組織はトップ・マネジメントの後継者を育成する点で大きな効果をあげることができる。事業部長は，あたかも一つの企業の社長の

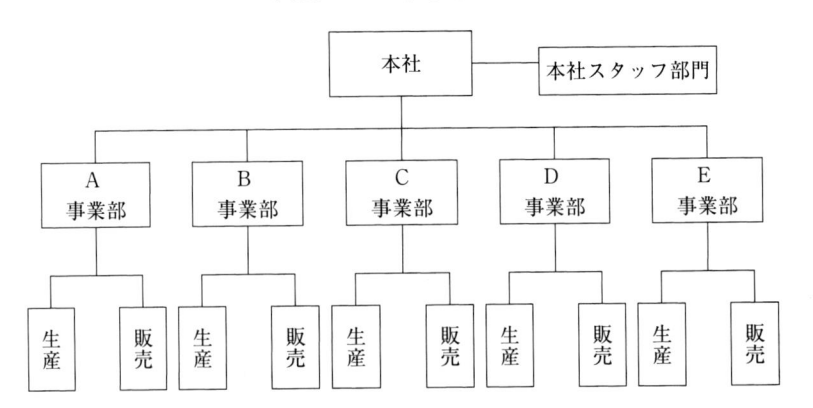

図表3-5　事業部制組織

ような大きな権限を与えられ，一般の経営者が直面する問題を経験するため，現実の仕事を通して経営者の教育と訓練をすることができる。

第3に，事業部制組織は分権的組織であり，比較的下位の者にも自立的な職務と権限が与えられることになるため，①モラール（morale）の向上に役立つだけでなく，②彼らの能力を現実の活動の中で検証することができる。

事業部制組織は利点の多い組織形態であるため，今日多くの企業によって採用されている。しかし実際に運用してみるとさまざまな問題点も出てくる。[5] マトリックス組織やSBU（戦略的事業単位）組織は，事業部制組織をベースとしながらこれらの問題点を克服しようとして考案された組織形態ということができる。これは事業部制組織の適応能力の高さを意味するものと考えることができる。

(3) 事業部制組織の問題点

事業部制組織の問題点は，第1に，事業部門に賃金格差を設けることができないことである。独立採算制を徹底させるためには，高い業績をあげた事業部の従業員には高い賃金を，低い業績に終わった事業部の従業員には低い賃金を支給する必要がある。しかし，労働組合が全社的に構成されているなどの理由により，事業部門に賃金格差を設けることは現実には，困難である。事業部制組織のこの問題点を改善し，独立採算制を徹底するために，カンパニー制，さらには分社化などが考案されることになる。

事業部制組織の第2の問題点は，各事業部が過度に競争意識を働かせた場合にはセクショナリズムに陥る危険があるということである。他の事業部を犠牲にして自分の事業部の利益だけを追求しようとするような場合には，全社的にはマイナスの効果をもたらすことになる。

第3の問題点は，長期的な視点からの経営が損なわれやすいということである。特に，事業部長がひんぱんに交代するような場合には，自分の在任期

間中の成績だけをあげようとして長期的な視野が欠けてくることになる。そうなると，長期的，全社的な発展の阻害要因となる。

第4の問題は，重複投資が行われやすく，全社的な観点からは資源配分にムダが生じやすいということである。事業部長に大きな権限が与えられるため，同じ新規事業にいくつもの事業部が参入しようとするような場合には，同一企業内の複数の事業部で同じような製品開発が行われることになる。

5．マトリックス組織

ライン組織と製品別事業部組織は長所とともに短所ももつ組織であった。マトリックス組織 (matrix organization) は，両組織の長所を生かす組織として考案された組織である。マトリックス組織は2人の上司から命令を受ける管理者 (two boss manager) をもつ組織である。これがマトリックス組織の基本的な特質である。

マトリックス組織には職能別組織と製品別事業部組織の両方が並存してお

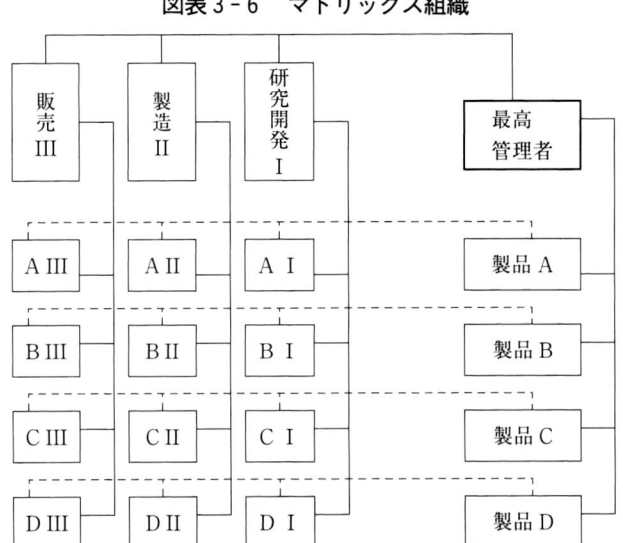

図表3-6　マトリックス組織

```
                    研究
            販売    製造    開発              最高
            III     II      I                管理者

            A III   A II    A I              製品A

            B III   B II    B I              製品B

            C III   C II    C I              製品C

            D III   D II    D I              製品D
```

図表3-7　短期的なマトリックス

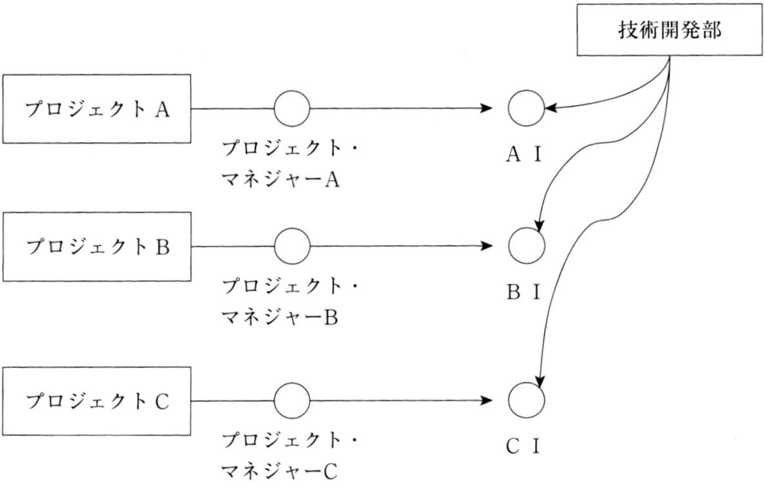

```
技術開発部

プロジェクトA ──→ ○ ──→ ○ ←──
              プロジェクト・     AⅠ
              マネジャーA

プロジェクトB ──→ ○ ──→ ○ ←──
              プロジェクト・     BⅠ
              マネジャーB

プロジェクトC ──→ ○ ──→ ○ ←──
              プロジェクト・     CⅠ
              マネジャーC
```

り，たとえば図表3-6において管理者AⅡは製造部長と製品Aの責任者の両者から命令を受け取ることになる。

　マトリックス組織の研究者として知られるデイビスとローレンス（Davis, S. M. & Lawrence, P. R.）は，マトリックス組織がいくつかの段階をへて発展してきたことを分かりやすく説明している。[6] 彼らはマトリックス組織発展の第1段階として職能別組織，いわゆるライン組織を取り上げているが，この組織は一般にはマトリックス組織とは呼ばれないので，ここでは彼らが次に取り上げた，「マトリックス組織の初期的形態」をマトリックス組織発展の第1段階と考えることにしよう。

(1) マトリックス組織の初期的形態

　マトリックス組織発展の第1段階（デイビスとローレンスでは第2段階）は，いわゆる「プロジェクト・チーム」の組織である。デイビスとローレンスによれば，この組織はアメリカの建設会社，映画スタジオ，宇宙防衛産業などのプロジェクト単位の仕事をもつ産業で発展した。たとえばアメリカの

航空宇宙産業では，かつて深刻な技術者不足に悩んでいたが，これを解決するために各プロジェクトが技術開発部から必要とする技術者を派遣してもらう体制をとった。技術開発部から各プロジェクトに派遣された専門技術者は，プロジェクト・マネジャーと技術開発部長の2人の上司をもつことになる。

この組織においては，プロジェクトの目標が達成されると同時にプロジェクト自体が解散されたことから，デイビスとローレンスはこの「マトリックス組織の初期的形態」を「短期的なマトリックス」とも呼んでいる。

(2) 恒久的な複合組織

マトリックス組織の第2段階は，ブランド・マネジャーが配置された組織である。ブランド・マネジャーは，製品あるいはブランドを担当する製品管理スタッフであり，特定の製品やブランドに関して製品開発から製造，販売までを一貫して責任をもつ管理者である。この組織において，たとえば管理者BIIはブランド・マネジャーBと製造部長の2人の上司から監督を受けることになる。それぞれのブランド・マネジャーは，ある製品について，製品の開発，製造，販売促進のすべてにかかわり，自分の担当する製品に対す

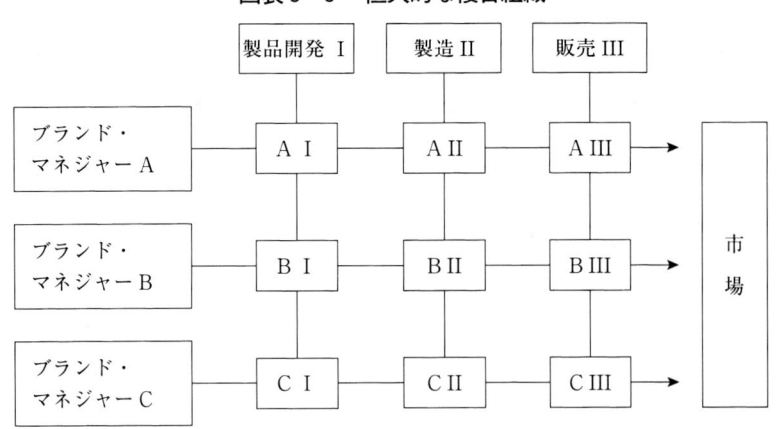

図表3-8　恒久的な複合組織

	製品開発 I	製造 II	販売 III	
ブランド・マネジャーA	A I	A II	A III	→
ブランド・マネジャーB	B I	B II	B III	→ 市場
ブランド・マネジャーC	C I	C II	C III	→

図表3-9　機能・製品・地域を軸とする3次元マトリックス

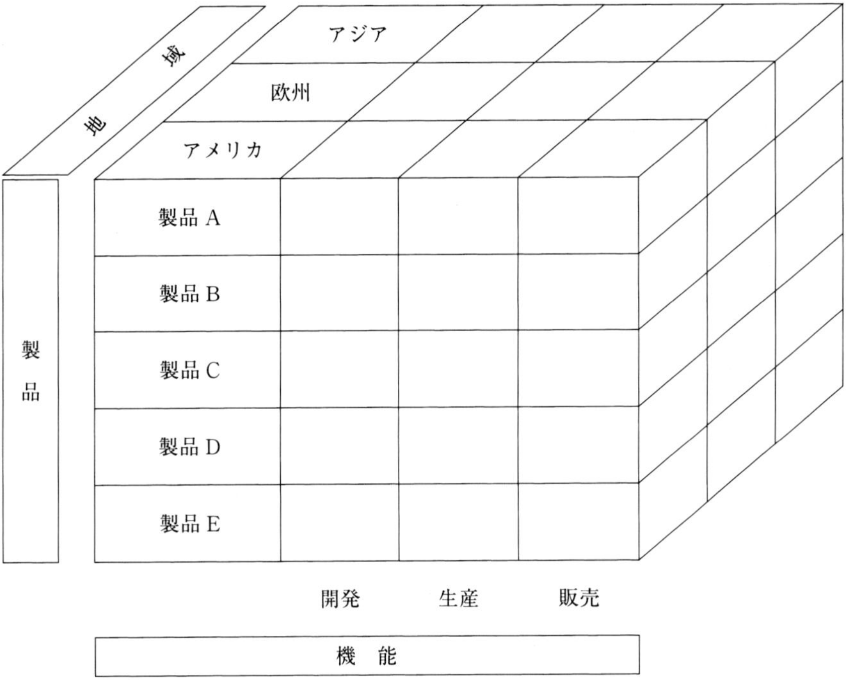

（地域：アジア／欧州／アメリカ、製品：製品A／製品B／製品C／製品D／製品E、機能：開発／生産／販売）

る市場の評価を見極めた上でこれを次の製品開発にフィード・バックしていく。商品が豊富になり，企業が市場を重視せざるを得ない「豊かな社会」に対応した組織ということができる。

　この組織は，組織の目的が達成されると組織が解消されるプロジェクト・チームと異なり，長期的に維持されるので，デイビスとローレンスはこれを「恒久的な複合組織」と呼んでいる。

(3)　**成熟したマトリックス**

　第2段階までは機能別の軸と製品別の軸の一方が強い権限をもつ主軸，他方が弱い権限をもつ補完軸であった。これに対して，第3段階の「成熟した

マトリックス」は 2 つの軸が同等の権限をもつ。また，機能，製品のほかに地域や時間の軸を加えた組織も採用されるようになった。3 つの軸をもつマトリックス組織は 3 次元マトリックス，4 つの軸をもつマトリックス組織は 4 次元マトリックスと呼ばれる。

文化・習慣・嗜好が大きく異なる地域を同時に管理しなければならないグローバル企業にとって，機能と製品のほかに地域の軸を設けることが必要となる。

マトリックス組織の利点は，第 1 に，人員や資源の配置において重複を回避し，無駄を省くことができること，第 2 に，環境の変化に応じて組織構造を柔軟に変化させうること，第 3 に，複数の報告関係が公式に存在するため，組織のコミュニケーションが促進されることなどである。これに対して，マトリックス組織の問題点は，第 1 に，複数の命令系統の存在によって責任の帰属が不明確になったり権限争いが生じたりすること，第 2 に，複数の命令系統の間に摩擦が生じ，それを解消するための調整に要する時間的損失がきわめて大きいこと，などである。

注）
1) 藻利重隆『経営管理総論』千倉書房，1968年，468-469ページ
2) 岡本康雄「分権制と事業部制」桜井信行編『現代経営学入門』有斐閣，1954年，153-160ページ。現実の企業においては，製品別事業部，地域別事業部，顧客別事業部などが設けられていることが多い。しかし，「自立的製品部門」をもつことが事業部制組織の最大の特徴のひとつであるので，製品別事業部組織が本来の事業部制組織であるということができる。
3) 同上稿，155-156ページ
4) 同上稿，156-157ページ
5) 日本経済新聞社編『経営の知識』日本経済新聞社，1973年，111-113ページ
6) Davis,S.M. and Lawrence, P.R., *Matrix*, 1977.（津田達男・梅津祐良訳『マトリックス経営』ダイヤモンド社，1980年）

▶ 学習の課題

■1 実際の企業の組織をみて，事業部制組織やマトリックス組織がどのように採用されているのか確認してみよう。

■2 事業部制組織とマトリックス組織について，その長所と短所をさらに詳しく調べてみよう。

◆ 参考文献

森本三男編著『経営組織』中央経済社，1985年

稲葉襄『企業経営学要論』中央経済社，1991年

高橋正泰・山口善昭・磯山優・文智彦『経営組織論の基礎』中央経済社，1998年

角野信夫『経営組織』新世社，2001年

Chandler, A.D.Jr., *Strategy and Structure*, 1962.（三菱経済研究所訳『経営戦略と組織』実業之日本社，1967年）

● 第4章のポイント

■ 現代のさまざま組織形態が展開される背景にはどの様な要因があるか考えてみよう。

■ それぞれの組織形態の強みと弱みはどの様なものか，考えてみよう。

■ 組織設計において考慮すべき課題はどの様なものか，考えてみよう。

◇ 基本用語

【SBU】 戦略事業単位（strategic business unit）とは，企業の戦略的事業計画を推進するための基本的な戦略計画単位である。独自の明確な事業・戦略ミッションを持ち，製品開発，製造，販売といった一連の職能を自己完結的に管理し，統合的な戦略計画を策定する。

【プロセス組織】 製品開発，調達，生産といった職能別活動を連続的な価値形成プロセスへと統合する全体処理プロセスを，部門横断的に組織化する組織形態。プロセス組織は，職能別組織の問題を横断的な調整プロセスによって克服しようとするものである。

【フロント・バック型組織】 製品別と顧客別・市場別の組織編成を組み合わせた組織形態。顧客や市場に対応する「フロント部門」と製品ラインやテクノロジー別に専門化する「バック部門」によって構成される。市場・顧客別の組織編成と製品・技術別の組織編成双方の優位性を同時に達成しようとする組織形態である。

【ネットワーク組織】 さまざまな活動を遂行する独立した企業が，独立性を維持しつつ協調関係を取り結ぶことで構築される企業の連合体。こうした連合体は，市場ではあたかも単一の企業のように協調して行動し，「ヴァーチャル企業」とも呼ばれる。

第4章　現代的な組織形態

1.　現代の経営環境と競争上の要因

　現代の企業は，急激かつ不連続的な変化が常態であるような環境において，持続的な競争優位を確立し，存続を可能にするような経営組織をどのように構築するかという「組織問題」に直面している。これはすなわち経営組織の「リオーガニゼーション」（ピコー・ディートル・フランク，1999）や，新たな組織の「基本構成（アーキテクチャ）」（ナドラー，タッシュマン，1999）の模索といった課題に他ならない。では現代企業の組織に対して重要な影響を及ぼす環境要因とは，どのようなものだろうか。具体的には，次のようなものを指摘できる（ガルブレイス，ローラー三世，1993，ガルブレイス，2002b）。

(1)　戦略的要件―コスト，スピード，顧客志向―
　1）コスト
　グローバリゼーションの進展によって，かつては共産主義であった国を含む世界各国の企業が市場競争に参入している。さらに目覚しい高度成長を遂げる中国やASEAN各国の企業は，安価な労働コストによって，とりわけ製造業の分野で大きなコスト競争力を発揮している。こうした状況は先進各国の企業に対して，持続的なコスト圧力の高まりという帰結をもたらした。日本や欧米の企業がコスト効率という領域において競争優位を追及しようとすれば，直接費および間接費を含む企業組織全体のコスト構造の見直しと持続的なコスト低減の努力が要求されることになるのである。

　2）スピード
　1990年代以降，高品質・低価格，顧客サービスによる競争に加え，「時間」

による競争が重要な戦略課題になった。今日，新製品開発のサイクル，製品のライフサイクル，注文から納品までのサイクル等がますます短縮されている。時間による競争において重要となってくるのは，製品が市場に投入される（顧客に提供される）までの速度と顧客の要求に対応するための速度，さらに組織的な問題を解決する速度である。こうした時間による競争においては，サプライヤーや流通チャネルを含めたバリュー・チェーン全体の再編成が重要になる。

　企業活動のスピードは組織デザインと密接に関連している。すなわち，企業組織は速やかな組織的対応が可能となるような構造でなければならないし，環境変化への適応性を促進するものでなければならない。さらに，時間短縮は潜在的なコスト削減に関連している（ナドラー，タッシュマン，1999）。様々な業務プロセスの時間短縮が可能になれば，そこから生み出される資金を他の分野に投資することも可能になる。加えて，意思決定の遅延は，誤った意思決定と同等の損害を企業にもたらす。組織が俊敏で，適応性に富み，柔軟であれば，決定の誤りを修正と調整によって克服することができる。

　3）顧客志向

　今日，企業は品質の高さに加え，競合他社には真似のできないような製品，他では得られないような付加価値を顧客に与えるようなサービスを提供することで戦略的な競争優位を確立しなくてはならない。今日のような「豊かな」社会では，市場は成熟化し，単に低価格で良質であるというだけでは充分な顧客満足を達成できなくなっている。顧客はますます，従来なかったようなサービスや満足を与えてくれるような製品でなければ追加的な代価を支払おうとはしなくなっている。現代の顧客は，自分たちのために特に誂えられた，特注の製品やサービスを求めている。多様な特注の製品を提供していくためには，既存の事業部や部門の枠を越えた協働が不可欠になる。また，顧客に対してより高い付加価値を与えるような製品・サービスの開発には，組織におけるさまざまな知識を結集し，そうした知識を製品やサービス

のイノベーションへと結実させることが必要となる。

　また，グローバルな規模での市場競争の激化は，顧客に対して多様な選択肢が与えられることを意味しており，多くの産業分野において買い手市場の状態がもたらされている。今日の企業にとって顧客の要求をより迅速かつ充分に満たすことは最重要の戦略的課題であり，それゆえ企業組織をより顧客志向，市場志向に組織化することが必要となっている。

(2) 技術の重要性

　今日，技術の戦略的重要性が極めて大きなものとなっている。しばしばMOT (Management of Technology) として論じられているのは，こうした課題に他ならない。すなわち，優れた技術開発力，競合他社が模倣不可能な技術を有することが戦略上極めて重要になっているのである。より高い付加価値の製品，他社が真似できないようなサービスを開発し生産するうえで，その企業が優れた技術開発力や独自の技術を有することが不可欠であるからである。こうした状況を反映するように，過去25年間を通じて企業の研究開発費は年々増加してきている。先進各国の企業はより付加価値の高い製品へとシフトする中でそうした動きが現れてきているし，比較的労働集約的な産業に従事している発展途上にある国々の企業においても，研究開発への投資は増加しているのである。こうした研究開発費の増加は，固定費の増加をもたらし，先進各国の企業の多くにとって，増大した固定費を回収するために，国内市場の需要のみでは不十分となり，企業の海外進出を強く促し，グローバルな競争の激化に拍車をかけている。その一方で，単独での研究開発のリスク軽減と経営資源の共有と補完による経済性を享受するために，技術提携による共同研究開発を志向する企業も多く見られるのである。

(3) 情報通信技術の発達

　ICT (Information & Communication Technology) の発達は，新しい組織

形態への展開を促進する。情報通信技術は従来の組織化の限界を克服することで、新しい組織化の様式を創出する可能性をもっているという意味で、組織設計における新しい「構築材料」（ナドラー，タッシュマン，1999）である。階層構造を通じた管理と調整は従来の組織の最も「自然な」組織化様式であった。しかし、Eメールやグループウェアなどのコンピュータを通じたコミュニケーションの方法は、極めて多数の参加者と瞬時に情報交換をし、意思の伝達を図ることが可能な、しかも低コストのコミュニケーション手段である。こうしたコミュニケーション・ツールの発達は、個人のコミュニケーション可能な範囲を拡大し、それにかかる時間を大幅に節約することで、個人の管理範囲を拡大し、個人やチームに対する大幅な権限委譲を可能にした。このことが組織の階層性を弱めるような組織設計を可能にし、過度の階層化による組織の硬直化という危険を回避することを可能にしているのである。こうしたコミュニケーション手段の発達と管理範囲の拡大による階層性の弱まりが組織の完全な「脱階層化」に直接結びつくものではないが、情報通信技術の発達はよりフラットな組織を可能にしている。

⑷　スキルと知識の活用

　情報通信技術と情報通信インフラの飛躍的な発達は、物理的な場所に依存しない組織構造と業務環境の構築を可能にしている。業務の移転可能性が増大したことで、不足しているスキルや知識は、それらが存在しているところへと業務を移転することで補うことができる。情報通信技術の発達やネットワークの普及が進むことによって、地理的に分散した業務活動でも統合することが可能となる。それによって、業務の遂行のために本当に必要な知識やスキルをもつ従業員や外部の専門家に権限を委譲することができる。こうした状況は、グローバル企業がその事業や研究開発、製造、部品調達、販売・マーケティングといった各種業務を各々最も効果的に遂行できるような形で世界的に活動拠点を配置するといったことや、最適なかたちで業務活動が遂

行できるような社外の専門家や他の企業へと各種業務をアウトソーシングするといったことを可能にする。こうした動きは企業間の戦略的提携やネットワーク型の企業組織の構築をも促進する。

2. 新たな組織形態の模索
―GE における事業部制組織の問題と SBU の登場―

これまでの組織形態の発展を振り返れば，今日広く普及している SBU（戦略的事業単位：Strategic Business Unit）は事業部制組織の問題への対処のなかで考案された組織形態であった。その意味で事業部制から SBU への展開は新たな組織形態への模索に関する一つの事例を提供している。ここでは SBU がどのようにして考案されたかを見てみよう。

1960～70年代に至るまで，多くのアメリカ企業が事業部制組織を選択した。第2次世界大戦後の経済成長と好景気のなかで，アメリカ企業は成長を遂げ，それに成長に伴い，多角化が推し進められ，事業部の数は飛躍的に増大した。事業部の数が増大すると，経営陣が直接的にそれぞれの事業部の評価や事業部間の調整を行うことは，著しく困難になる。ここに至って，問題は，単に事業部の管理と事業部間の調整のための組織を重層的に編成することで対応できるものではなくなった。

1960年代の GE では，各事業部（Division）のもとに各種製品レベルの事業を担当する製品部（Department）が置かれ，各事業部を事業グループ（Group）が統括するという重層的な事業部制組織が採用されていた。製品部の数は，1950年代の110程度から，1968年の組織再編成を経て，1960年代末には約150にまで急激に増大した。事業グループは6つから10へ，事業部の数は31から49へと増大した。1960年代，GE の事業構造は組織的な細分化と拡散化を著しく推し進めることとなったが，この組織的な進展は GE の経営に深刻な問題をもたらすこととなった。事業の拡大と再編成に伴い，売上高は約1.8倍に増加したにもかかわらず，売上高純利益率は，1960年代前半

まで5％台であったものが，1969年には3.3％に落ち込んだのである。1960年後半に至ってGEは，「利益なき成長」といわれる状況に陥ってしまった。

GEでは，事業部制の優位性が十分に発揮されるよう，製品部が基本的な利益責任単位とされ，分権化が推し進められた。その結果企業の成長に伴い製品部が著しく増大し，事業構造の細分化と拡散化が急激に進むこととなった。こうしたなか，製品開発や製造，販売などの基本的な経営機能における資源の重複による浪費，規模の経済性の欠如，事業部や事業グループ間の過度の競合やコンフリクトといった問題がもたらされたのである。

また，GEでは製品部，事業部への分権化は徹底されていたものの，著しく細分化し拡散した事業構造において，さまざまな製品部や事業部を企業全体の戦略的な視点から統制するということが充分に行われていなかった。事業部制組織本来の優位性を発揮するためには，企業の長期的な成長を考慮し，成長性の乏しい低収益事業の整理と成長性の見込める高収益事業に重点的に資源を配分するといった戦略的意思決定が適切に行われなければならないが，1960年代当時のGEの事業部制組織には，企業全体の事業構造の戦略的な統制が不十分であった。事業部は市場志向性を持つものとして編成されながらも，生産志向性や技術志向性を強めることとなった。事業部が本来行うべき戦略的な事業展開が行われなくなっていたのである。

こうした組織問題はGEに新たな組織形態の模索を促した。すなわち多様な事業への戦略的な資源配分を可能にするような意思決定ツールと既存の事業部構造を越えて戦略的に事業展開できるような組織単位が必要だったのである。こうして導入されたのが，PPM（Product Portfolio Management）に基づいて編成されるSBU（Strategic Business Unit）であった。

SBUとは，戦略事業単位といわれ，戦略事業計画を推進するための基本的な戦略計画単位であり，次のような諸条件を満たすものでなければならない（坂本，1997）。すなわち，

①他のSBUとは独立して，独自の明確な事業使命（事業ミッション）や戦

略ミッションを持っていること。
②市場において独自の競争相手を持っていること。
③市場において自ら一人前の競争者となり得ること。
④製品開発，製造，販売についての経営資源を自己完結的に管理し，他のSBUとは独立して統合的な戦略的計画を策定し得ること。
⑤SBUの管理者は設定された戦略的計画の範囲内では経営資源の利用に自由な裁量権を持つこと。

　GEのように分権化が徹底され，明確な利益責任を負う自律的な組織単位として製品部や事業部が編成されていれば，改めてSBUを導入する必要もないように思われる。しかし先にも見たように，細分化し拡散した事業構造において，既存の各事業部・製品部は本来の市場志向・戦略志向性を失い，さらにGE全体としてより収益性を高めるべく戦略的にどのように事業構造を再編成していくのかということは不明確なままであった。それゆえ，GE全体の戦略的な事業展開，すなわち戦略事業計画を具体的に実行する組織単位，高収益性と成長を志向して戦略的に事業展開する機動的な組織単位としてSBUが導入されることとなったのである。

　1970年から1971年にかけて，こうしてSBUが導入されたが，SBUは既存の事業部制組織の構造に重ね合わせるかたちで編成された。すなわち既存事業部の事業運営の効率性を追求すると同時に，戦略的な事業展開の機動性を追求するような形態が採用されたのである。こうしたSBUは，事業グループレベル，事業部レベル，製品部レベルといった既存の事業部制構造のいずれのレベルにおいても設定されうるものであった。設定されたSBUにはそれぞれSBUマネジャーが配置され，SBUマネジャーは担当する事業領域での戦略計画を立案し，本社レベルにおける経営責任者の承認を受けて，それを実行する権限と責任が与えられた。

　こうしたGEの事業部制組織へのSBU導入は，大規模化した事業部制組織の問題点をいかに克服するかという取り組みであり，組織問題に対処する

ためのリオーガニゼーションの試みであった。

3. 職能別分業の再構築——プロセス組織——

(1) プロセス組織とは何か

　現代企業の新しい組織形態として，まず注目されるのは「プロセス組織」である。ここでいう「プロセス」とは，商品企画や設計，製品開発，受注，調達，生産，マーケティング，納品といった諸活動を，職能別の境界を越えて，時間とコストが節約できるようなかたちで，連続した活動として再統合した業務プロセスのことである（ピコー・ディートル・フランク，1999）。プロセス組織は，1990年代初頭，が競争力を失っていたアメリカ企業の活力回復のための経営革新の手法として，ハマーとチャンピーが「ビジネス・プロセス・リエンジニアリング」を提唱したことに端を発する。「リエンジニアリング」とは，「コスト，品質，サービス，スピードのような，重大で現代的なパフォーマンス基準を劇的に改善するために，ビジネス・プロセスを根本的に考え直し，抜本的にそれをデザインし直すこと」（ハマー&チャンピー，1993）である。すなわち，これはビジネス・プロセスのラディカルな再設計に関わる機能横断的な取り組みである（Daft, 1998）。ハマーとチャンピーによる「ビジネス・プロセス・リエンジニアリング」以降，プロセス組織は現代企業の新たな組織形態，「アーキテクチャ」の一つとして採用されるようになった。

　さて，企業活動は，一連の価値形成プロセスないしバリュー・チェーンと捉えることができる（ポーター，1985，バーニー，2003）。

　たとえば製造業の企業であれば，こうしたバリュー・チェーンは，原材料や機械部品，半製品などを生産プロセスに投入し，顧客にとって価値のある製品へと変換するプロセスである。単純な職能別組織を採用しているメーカー企業の場合，バリュー・チェーンは，製品開発，原材料・部品調達，製造，販売・マーケティングといった職能部門が，価値形成の各段階をそれぞ

図表4-1　バリュー・チェーンのモデル

技術開発 → 製品デザイン → 購買物流 → 製造 → マーケティング → 流通 → アフターサービス

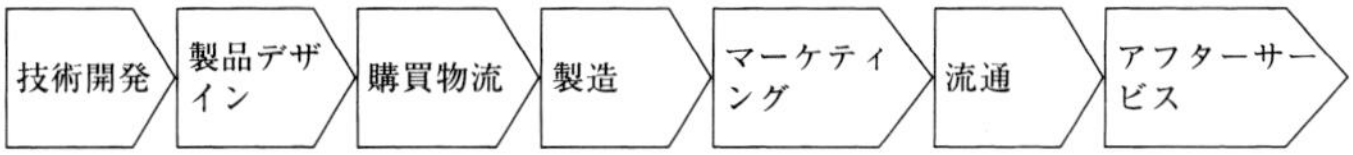

出所) Barney, Jay B., *Gaining and Sustaining Competitive Advantage*, Second Edition, Pearson Education, Inc., 2002, バーニー, 岡田正大訳『企業戦略論（基本編）』ダイヤモンド社, 2003年, p. 248より作成

れ担当することで構成されている。製品別事業部制を採用している企業であっても，各製品事業部ないし製品部門における職能別組織がこうした価値形成プロセスを担っており，職能別組織を企業の最も基本的な価値形成組織単位と捉えることができるだろう。企業活動にとって，こうした職能別組織が担う価値形成プロセス，バリュー・チェーンを最適なかたちで実現することが極めて重要であることはいうまでもないが，今日の経営環境はこうした価値形成組織単位としての職能別組織のあり方に重大な変革を迫っているのである。

　職能別組織においては，各部門間の連係の度合い，統合の度合いはきわめて低い。すなわち，各部門の活動はそれ自体では付加価値を形成することはできないため，部門相互の効果的な連係がなくては全体の価値形成プロセスに寄与することはできないという意味では相互依存的であるけれども，ある職能部門の活動が直接的に他部門の活動に影響を及ぼすほど，相互依存性は高くない。各部門はそれぞれの職能に専門化し，各部門の管理者はそれぞれの職能活動の成果にしか責任を持たず，全体の価値形成プロセスが無駄なく最適化されているかどうかについて活動する権限も責任もない。製品やサービスが自分の部門を通過してしまえば，問題が発生してもそれは別の部門担当者の責任なのである。

　各職能部門は経営環境の変化に応じて自律的に活動を調整し，適応させることはできないため，環境変化に直面した場合，変化に適応するために職能部門の活動を調整し，価値形成プロセスを最適化するのは経営者や事業部長の役割である。その結果，機能別組織は極めて集権的な構造となる。

したがって，職能別組織では，調達市場や販売市場といった経営環境が頻繁に変化するような場合，経営者層や統括管理者層の負担は著しく増大する。

急激な変化が常態である今日の経営環境においては，こうした問題は致命的な影響をもたらす。現代企業は，顧客満足とコスト削減に加え「時間による競争」における優位を達成しなくてはならない。顧客の要求が多様かつ厳しく，製品ライフサイクルが短縮されている今日においては，従来の職能別組織のように価値形成プロセスに対する責任が分断されていることは，柔軟な適応性の欠如，管理・調整コストの著しい増大と対応の遅延という極めて大きな問題を引き起こす。

たとえば，1991年当時，ゼロックスは「ドキュメント・カンパニー」として，新たな戦略目標を掲げ，顧客志向の企業となろうとしたにもかかわらず，当時の組織構造は職能別組織のままであった。企業としての重要な決定はすべて「コーポレート・オフィス」によって行われるという集権的な官僚主義的構造に加え，業務運営の管理者は顧客の要求よりも，自分の担当業務に目を奪われていた。技術革新も，製品開発も，顧客サービスも，市場に適応する能力も，すべてが遅く緩慢で，硬直的だったのである（ナドラー，タッシュマン，1999）。

職能別組織の問題を克服するためには，企業活動の出発点は価値形成プロセスであるということを再認識することが重要になる。すなわち，責任と権限が分断された各職能部門の活動を，連続的な価値形成行為としてのプロセスに再統合することが必要になる。各職能部門における諸活動を，価値形成という視点から各部門を横断的に貫く完結した連続的プロセスへと再統合することで，部門の壁を越えて調整が進められるようになるため，時間とコストが節約できるのである。こうした理由から，耐えざるコスト圧力と「時間による競争」に晒されている現代企業にとってプロセス組織は有効な組織形態の一つとなっている。

プロセス組織とは，職能別組織のなかに，各職能活動を連続的な価値形成プロセスに統合する完結した全体処理プロセスを部門横断的に組織化するような形態である。これはいわば垂直的な調整経路に依存せざるを得ない職能別組織の問題を横断的な調整プロセスを導入することで克服しようとする組織形態なのである。

職能別組織をプロセス別の組織へと再編成すれば図のようになる。こうしたプロセス組織においては，ある業務プロセスに関わっているすべての人々がそのプロセス処理チームに集約され，そのプロセスの開始から終了までの全活動の責任を担う。しかしこうしたプロセス組織が有効に機能するための技術的条件として，インターネットやEメール，グループウェアなどの情報コミュニケーション技術の発達は不可欠であった。こうした技術を活用す

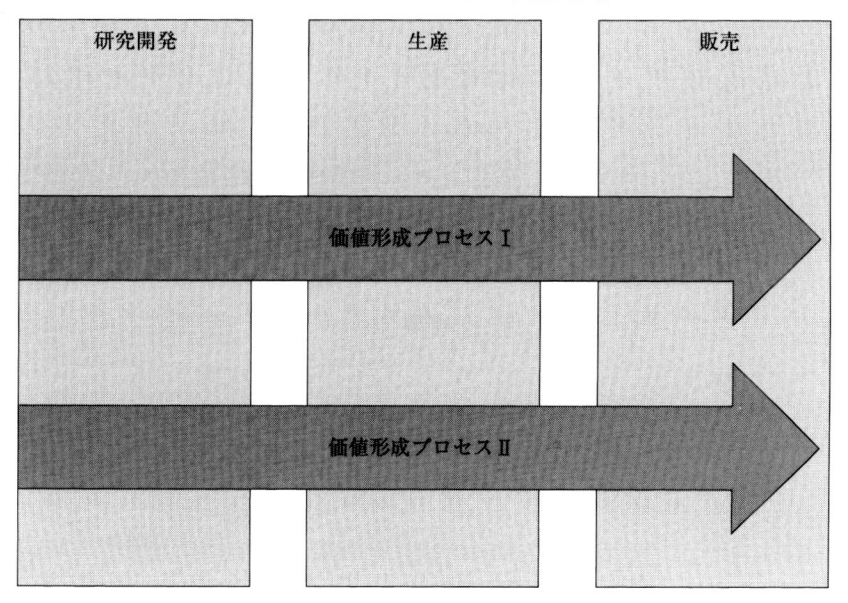

図表4-2　プロセス責任と機能別責任

| 研究開発 | 生産 | 販売 |

価値形成プロセス I

価値形成プロセス II

出所）Picot, Dietl, Franck, *Organisation : eine ökonomische Perspektive*, Stuttgart, Schäffer-Poeschel, 1997, S.222.（丹沢安治他訳『新制度派経済学による組織入門』白桃書房，1999年，270ページ）

ることなく，職能部門間の横断的調整や水平的統合を行うことは管理や調整のコストを著しく増大させるだろう。プロセス組織が今日有効な新しい組織形態として注目されるようになった背景には，情報通信技術の革新的な発展という経営環境の変化が存在するのである。

(2) プロセス組織のデザイン

プロセス組織のデザインについて，まず問題となるのは職能別の職務配分を見直し，プロセスに統合すべき職務・活動領域とはどのような領域かということである。職能別業務を連続的プロセスという視点から捉えると，製造は原料や部品の調達から，生産を経て出荷までのプロセスである。販売は需要予測から受注までのプロセスである。注文処理は受注から支払までのプロセスであり，サービスは顧客からの問い合わせを受けてそれを解決するまでのプロセスであるといえる（ハマー＆チャンピー，1993）。ここで問題となるのは，様々な業務プロセスのうち，企業の成果にとって「重要な」価値形成プロセスとはどのようなものかを明確にすることである（ピコー，ディートル，フランク，1999）。

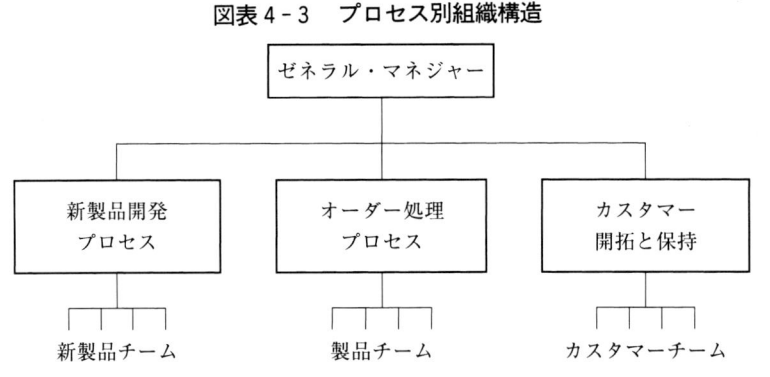

図表4-3 プロセス別組織構造

```
            ゼネラル・マネジャー
      ┌──────────┼──────────┐
  新製品開発      オーダー処理    カスタマー
  プロセス        プロセス        開拓と保持
      │              │              │
   新製品チーム    製品チーム    カスタマーチーム
```

出所）Galbraith, Jay, R., *Designing Organizations : an Executive Guide to Strategy, Structure, and Process*, Jossey-Bass, 2002, (梅津祐良訳『組織設計のマネジメント-競争優位の組織づくり』生産性出版，2002年，40ページ）

現代の企業にとって「重要な」プロセスとは，職能別業務を連続的プロセスに統合することで，①顧客満足の向上を実現したり，②その企業の競争優位を確保したりすることが可能なプロセスであり，さらに，③そこにおいて様々な経営資源（知識や技術）が集約的に利用できたり，業務のサイクル・タイムが短縮されたりするようなプロセスである。たとえば，設計と製造の連係を強化し，CADなど情報技術を駆使しながら，製品の機能・性能設計と製造設計を一連のプロセスに統合し，一体化して行うコンカレント・エンジニアリングは，新製品の開発・製造にかかる時間とコストを大幅に削減しようとする試みである。

「重要な」プロセスが明確にされたら，プロセスの各段階の「最適な」順序の確認と確定，および必要な経営資源，プロセスへの統合に必要なインフラストラクチャーの見積もりが行われる（ピコー，ディートル，フランク，1999）。まず，より速やかに，より効率的に，より顧客満足を向上させるように企業活動を行うには，どのように各業務の流れを組織化するかが問題になる。たとえば職能別組織では設計は製造に先んずるものとされるが，プロセス組織では，むしろ最適な業務の流れとしてどのような順序で各業務が行われるべきかが問題になるのである。さらに，それまで職能別に別々の部門・部署に配分されていた職務を連続的なプロセスに統合して遂行するには，組織のインフラとして情報システムやネットワークの導入が必要となるだろう。

続いて，こうした「重要な」プロセス業務を部署や部門などの各組織単位に割り当てることが必要となる。プロセス組織では，プロセス業務の計画，実行，統制に必要な意思決定権限はプロセス管理者に委譲され，プロセス管理者は自己の責任において，担当するプロセスをさらに部分プロセスへと細分化し，各従業員がそれぞれ部分プロセスを実行する。プロセス組織においては，プロセス管理者や個々のプロセス別に専門化した組織がプロセス全体の業務の流れに自律的な責任を負い，プロセスの遂行に影響を及ぼすほとん

どの条件をコントロールするのである。

たとえばコンピュータ・メーカーの「顧客注文処理」のプロセスは，6つの部分プロセスに細分化され，プロセス管理者がその実行を監督し，場合によっては自ら処理する（ピコー，ディートル，フランク，1999）。

職能別に専門化された業務構造をプロセス別へと再組織化することで，集権的なハイアラーキーを解体し，個々のプロセス組織レベルに意思決定権を委譲し，よりフラットな組織へと変革することが可能となる。プロセス組織では，垂直的な階層構造による調整が，横断的・水平的な調整によって置き換えられる。こうしたプロセス組織の特徴を反映して，しばしばこれは，「水平型組織 Horizontal Organization」（Rahul, 1995）とも称されるのである。

プロセス組織では，個々のプロセスの全体をプロセス管理者が管理し，その成果に対して責任を負うことで，業績の測定は職能別組織の場合に比べ容易になる。たとえば，プロセスが特定の市場や顧客に結びつけられるような場合には，その業績は明確に収益などの指標で測定することができるだろう（ピコー，ディートル，フランク，1999）。これは同時に，プロセス組織およびプロセス管理者に対して，そのプロセスをより効率的に運営し，そこからより高い付加価値を生み出すことができるよう改善するインセンティブを提供

図表 4-4　プロセスの細分化

| セールス活動 | システムの組立と提供価格の提示 | 受注 | 注文の実行 | 顧客へのシステムの納入 | 請求書の発送 |

出所）Picot, Dietl, Franck, *Organisation : eine Ökonomische Perspektive*, Stuttgart, Schäffer-Poeschel, 1997, S. 227（丹沢安治訳『新制度派経済学による組織入門』白桃書房，1999年，194ページ）

することにもなる。

　さらに，プロセス組織の導入は組織としての意思決定能力を向上させる。プロセス管理者への権限委譲と責任付与は，職能別業務の調整の負担を取り除くことによって，最高経営者や事業部長等，より上位の統括管理者に対して，他の種類の重要な意思決定（たとえば戦略的意思決定）に取り組む余地を提供する。その結果，経営環境の変化への戦略的な適応力を高めることが可能となる。また市場や顧客サービスに直結したプロセス組織に権限を委譲することで，市場や顧客により近いレベルで意思決定することが可能となる。製品や顧客を直接に担当しているプロセス管理者や担当者は，最新の現場の情報を持っており，より迅速に意思決定し，実施に移すことができる。その結果，市場や顧客の嗜好の変化や顧客満足に関わる問題に対してより迅速かつ適切に対応することが可能になろう（ガルブレイス，2002b）。

(3) プロセス組織の優位性と問題

　では，ここでプロセス組織の優位性と若干の問題をまとめておこう。

　①「時間による競争」における優位性：プロセス組織は，職能部門の壁を越えてプロセス全体の調整や再設計を効果的に進めることができるため，新製品開発サイクル，製品投入サイクル等各種業務のサイクルタイムを大幅に短縮することができる。したがって，納期が厳しく，迅速な納品が要求される市場や，短い製品ライフサイクル・新製品開発サイクルのもとで事業を行っているような企業にとって，プロセス組織は優位性を発揮する。また，プロセス組織やプロセス管理者に権限を委譲することで，実際の業務レベルでの迅速な意思決定と速やかな対応が可能となる。

　②コストに関する優位性：プロセス組織は各種業務のサイクルタイムを短縮することによって，在庫維持コストを削減することができ，より早期の現金回収が可能となる。さらに職能別業務を連続したプロセスへの統合することで，部門・部署間の情報やデータの共有によって，度重なるデータの検証

や書類作成といった重複作業を削減し，関連するコストを削減できる（ガルブレイス，2002b）。

　③顧客満足に関する優位性：プロセス組織では，顧客の要求をより満足させることができるよう業務プロセスの見直しや再設計が可能である。またプロセス管理者に権限を委譲することで，顧客に近い現場レベルで，直接的かつ迅速に顧客の要求に対応することができる。

　プロセス組織は，高まるコスト削減圧力の中で，顧客志向の競争と時間による競争に晒されている現代企業にとって，大きな優位性を持っているため，プロセス組織が持つ問題点はしばしば見過ごされがちである。しかし，プロセス組織導入に伴って生じる問題やコスト負担も存在するのである（ガルブレイス，2002b）。

　プロセス組織では，プロセスに関わるすべての職能部門の従業員や管理者が参画することになるため，プロセス全体の運営や管理に際して部門の利害や目標の違いから，コンフリクトが発生し，その解消や問題解決のために多くの時間を割く必要があるかもしれない。また，プロセス組織ではプロセス管理者や担当組織に大幅に権限が委譲されるが，そこで下される意思決定が統括管理者や経営者が行う意思決定よりも適切であるという保証は必ずしもない。現場の意思決定の質を高めるためには，人材教育やインセンティブシステムの開発，情報共有のためのシステム構築などが必要である。

　現時点では，こうしたプロセス組織が，製品別あるいは市場・顧客別事業部制組織やその他の新しい組織形態に比べどれだけの優位性を持っているのかは必ずしも明らかではない（ガルブレイス，2002b）。しかし，時間による競争とコストに関する優位性をという点で，プロセス組織は現代の新しい組織形態として注目されている。

4. 顧客志向の企業組織——フロント・バック型組織——

(1) 「顧客志向」の組織デザイン

現代企業にとって、「時間による競争」と並んで、いかに「顧客志向」や「顧客重視」の経営を行うかが競争上極めて重要な要因になっている。すなわち今日の企業にとって、その組織をいかに「顧客志向」の組織へと再構築できるかが組織設計上の大きな課題なのである。こうしたなかで、今日注目されている新しい組織形態が、「フロント・バック型組織」（ガルブレイス，2002a，2002b）あるいは「フロントエンド・バックエンドモデル」（ガルブレイス&ローラー三世，1996）と呼ばれるものである。

「フロント・バック型組織」とは、一種の混合（ハイブリッド）組織である。つまり、そこでは製品別組織編成と顧客別あるいは市場別の組織編成とが組み合わせられている（ガルブレイス&ローラー三世，1996，ガルブレイス，2002a，2002b）。この組織形態の構造上の大きな特徴は、この組織形態が、プロフィットセンターとして編成されている製品別の事業部制組織に、顧客別や市場別に専門化した組織を付加している点にある。企業活動を一連のバリュー・チェーンとして捉えると、中核テクノロジーや専門知識・ノウハウから、製品デザイン、製造、マーケティング、流通、アフター・サービスなど一連の業務を経て顧客に価値を提供するという、チェーンの「バック」から「フロント」へと進むプロセスとしてみることができる。

図表4-5　バリュー・チェーンにおけるフロントとバック

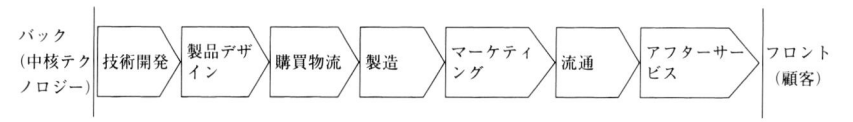

バック（中核テクノロジー）→ 技術開発 → 製品デザイン → 購買物流 → 製造 → マーケティング → 流通 → アフターサービス → フロント（顧客）

出所）Nadler, David A. and Tushman, Michel L., *Competing by Design*, Oxford University Press, Inc., 1997.（斎藤彰悟監訳，平野和子訳『競争優位の組織設計』春秋社，1999年，147ページ）

図表4-6　フロント・バック型組織の図

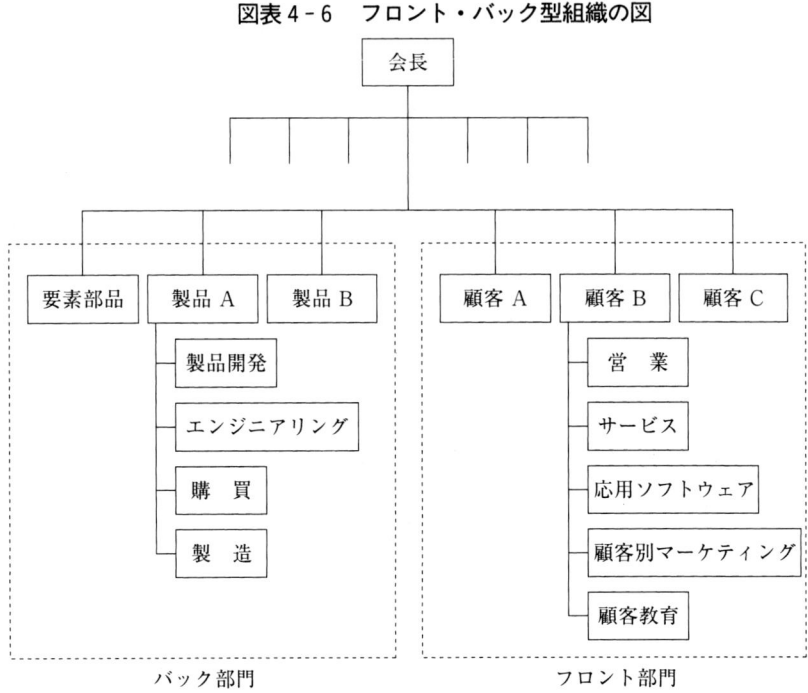

```
                          会長
          ┌──┬──┬──┬──┬──┬──┬──┐
   ┌──────┼──────┬──────┐   ┌──────┼──────┬──────┐
 要素部品  製品A   製品B      顧客A   顧客B   顧客C
           │                         │
        製品開発                    営　業
        エンジニアリング            サービス
        購　買                      応用ソフトウェア
        製　造                      顧客別マーケティング
                                    顧客教育
         バック部門                    フロント部門
```

出所) Galbraith, J.R., Lawler III, E.E.and associates, *Organizing for the Future : the New Logic for Managing Complex Organizations*, Jossey-Bass, 1993, p. 24.（1996年，44ページの図に加筆修正の上作成）

　つまり，この組織形態では，バリュー・チェーンの「フロント」で，顧客や市場に直接に対応する組織として「フロント部門」が編成され，一方チェーンの「バック」で製品ラインやテクノロジー別に専門化した組織として「バック部門」が編成される。図表4-6に示されるように，企業全体の組織がこうしたフロント部門とバック部門の連係によって構成されることから，これは「フロント・バック型組織」と呼ばれるのである。

　フロント・バック型組織は，顧客の要求への迅速かつ柔軟な対応という今日の市場の要請に対応しようとするところから現れてきた。この組織形態は市場および顧客と製品ラインやテクノロジーとの両面に事業活動の焦点を合

図表4-7　フロント・バック型組織と製品別事業部制組織における製品の流れ

あるディーゼル・エンジン製造企業における製品の流れ（フロント/バック型組織）

バック部門　　　　　　　　　　　　　　　　　　　フロント部門

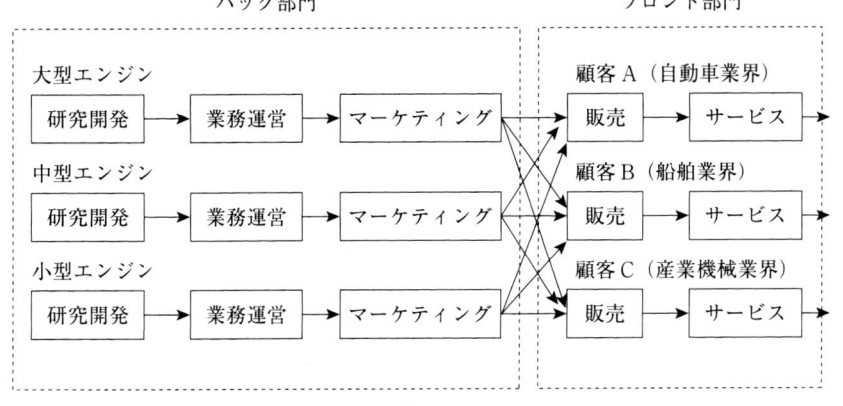

大型エンジン
研究開発 → 業務運営 → マーケティング　　顧客A（自動車業界）　販売 → サービス

中型エンジン
研究開発 → 業務運営 → マーケティング　　顧客B（船舶業界）　販売 → サービス

小型エンジン
研究開発 → 業務運営 → マーケティング　　顧客C（産業機械業界）　販売 → サービス

ゼネラル・エレクトリックにおける製品の流れ（製品別事業部制組織）

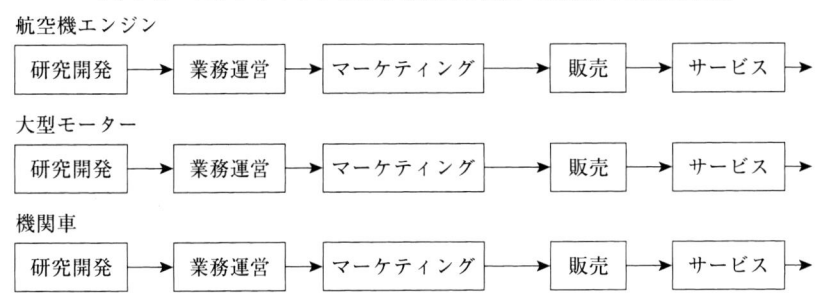

航空機エンジン
研究開発 → 業務運営 → マーケティング → 販売 → サービス

大型モーター
研究開発 → 業務運営 → マーケティング → 販売 → サービス

機関車
研究開発 → 業務運営 → マーケティング → 販売 → サービス

出所）Galbraith, Jay, R., *Designing the Global Corporation*, Jossey-Bass, 2000, p. 241.（平野和子訳，斎藤彰悟監訳『グローバル企業の組織設計』春秋社，2002年，290ページの図を加筆修正）

わせることで，市場および顧客別の組織編成と製品ラインや技術別の組織構造の双方の優位性を同時に達成しようとするものである。

たとえば，フロント・バック型組織では，製品・テクノロジー別事業部制組織を採るバック部門が，市場別・顧客別に編成されたマーケティング・販売組織であるフロント部門に，その企業の全製品ラインを提供する。製品別

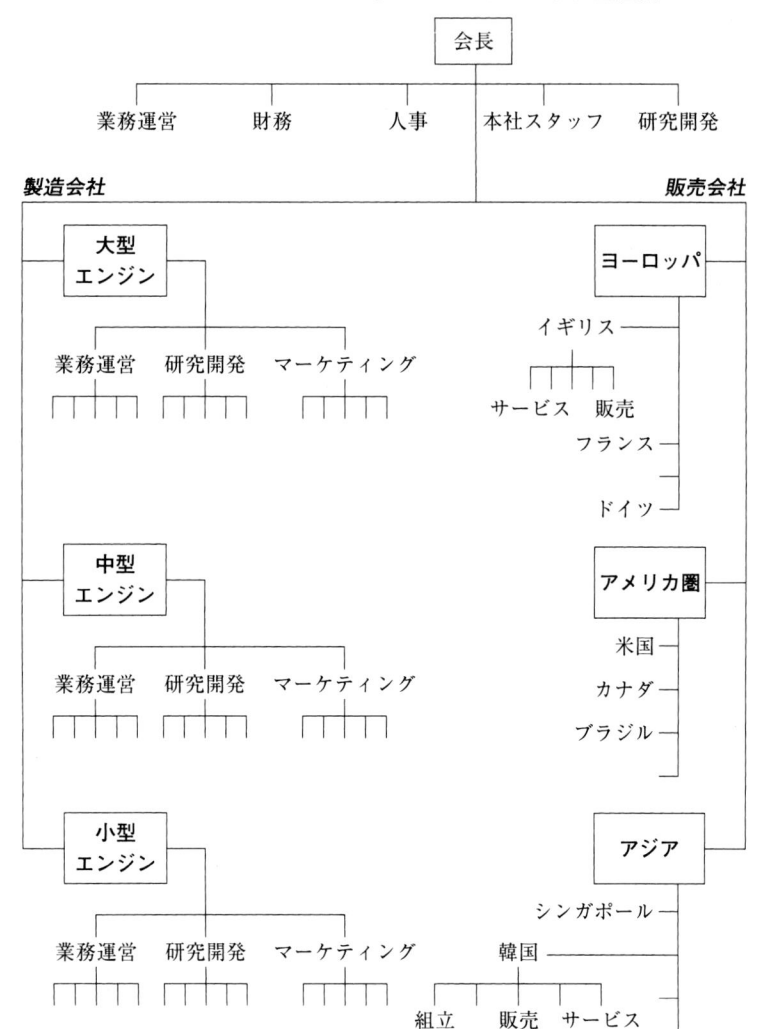

図表 4-8　グローバル企業のフロント・バック型組織

```
                        会長
         ┌────────┬────────┼────────┬────────┐
       業務運営    財務     人事   本社スタッフ 研究開発
```

製造会社　　　　　　　　　　　　　　　　　　　　　　　　**販売会社**

- 大型エンジン
  - 業務運営
  - 研究開発
  - マーケティング

- 中型エンジン
  - 業務運営
  - 研究開発
  - マーケティング

- 小型エンジン
  - 業務運営
  - 研究開発
  - マーケティング

- ヨーロッパ
  - イギリス
    - サービス
    - 販売
  - フランス
  - ドイツ

- アメリカ圏
  - 米国
  - カナダ
  - ブラジル

- アジア
  - シンガポール
  - 韓国
    - 組立
    - 販売
    - サービス

出所) Galbraith, Jay, R., *Designing the Global Corporation*, Jossey-Bass Inc., Publishers, 2000.（平野和子訳，斎藤彰悟監訳『グローバル企業の組織設計』春秋社，289ページ）

事業部制組織のみによって編成される企業とは，図表4-7のように製品事業の流れが異なる。

また，今日のグローバル企業にとって，各地域の市場や顧客のローカルなニーズに対応しつつ，地球規模で製品・サービス事業を普遍的に展開することによって事業の効率性と規模の経済性を享受することは極めて重要かつ困難な課題である。こうしたグローバルな経済性の追求とローカルニーズへの対応という「グローバル企業のジレンマ」（小橋，2004）の克服という点から，フロント・バック型組織はグローバル企業の新たな組織形態としても注目されている。すなわち，図表4-8に見られるように，ローカル市場や顧客別に編成されたフロント部門と，製品・テクノロジー別に編成されたバック部門を併せ持つことで，こうしたジレンマに対応しようとするのである（ガルブレイス，2002a，小橋，2004）。

さて，フロント・バック型組織が登場してくる背景に着目すると，そこには今日の市場と顧客に関する次のような要因がある。こうした要因は，企業を市場により密着させ，顧客とより緊密な関係を構築するよう促す（ガルブレイス，2002a，ガルブレイス，2002b）。つまり，フロント部門組織を編成することがその企業の効率性や競争優位につながるのである。

① 顧客がその企業の全製品を購入している。

顧客が，その企業が提供する全ての製品を購入している，あるいは購入できるような場合には，顧客や市場に専門的に対応するフロント部門組織の構築が必要となる。すべての製品を購入している顧客に対して，それぞれの製品事業部が個別に販売・マーケティングを行うことは資源の重複という点で効率的ではない。また，顧客の要求に対応する際に事業部間の調整が必要になるとすれば，こうした調整コストも回避する方が望ましい。このような場合にはむしろ総合的な販売を行う方が効率的である。

② 顧客が単一の接触ポイント（チャネル，販売窓口）を求めている。

さらに，顧客の側からすれば，各製品事業部の販売部門に対して個別に発

注する手間を省きたいであろう。今日多くの顧客，とりわけ産業財の顧客は，サプライヤーを選別し，必要な製品を提供できるサプライヤーと一括した購入契約を結びたいと考えている。顧客の側には，その方が値引きを得られるという期待もあるだろう。このような場合に，企業は総合的な販売窓口や販売担当部門を設置する必要に迫られる。

③顧客はソーシング契約（特別供給契約）を望んでいる。

今日の顧客は，単一のチャネルを要求することからさらに進んで，企業とより緊密な長期的関係を希望する場合がある。そうした場合には，特別供給契約を結ぶことで，今日の顧客はサプライヤーを選別し，少数のサプライヤーと緊密かつ長期的な供給関係を構築し，すべての製品をそうしたサプライヤーから購入しようとする。顧客のこうした動向は顧客対応に特化したフロント部門組織の編成を強く促す。

④顧客は「ソリューション」を求めている。

今日の顧客は，製品やサービスそのものというよりはむしろそうした製品やサービスの購入による「ソリューション」（経営上の問題解決）を求めている。こうした「ソリューション」を提供して顧客の満足を得るには，顧客に関する深い知識や顧客ニーズに誂えて製品やサービスを提供する能力が要求されることになる。こうした知識や能力は，顧客対応に特化した組織を編成することで，ノウハウや経験の蓄積を通じて，より効率的に高められるだろう。

⑤顧客からの要求に対して，抱合せ販売や包括販売の機会がもたらされる。

単一のチャネルを通じて顧客に対応することで，一部の製品を購入している顧客に対しても，製品のフルラインを提供し，それらの包括価格を提示することによって，大量の受注を獲得する機会が得られる。こうした機会を得るためには，製品ライン間の統合や調整を行い，顧客に製品包括パッケージを準備できるようなフロント部門組織が必要となる。

⑥顧客は顧客自身のニーズに特別に対応した製品やサービスを望んでいる。

今日，顧客は特別誂えの製品やサービスを要求するようになっている。現代の市場はいわば買い手市場である。今日の顧客は自分たちの嗜好やニーズに応じていつでも製品やサプライヤーを変更・選別できる。こうした市場環境において現代企業は，顧客を繋ぎとめておくために，個々の顧客の特有のニーズに対応していくことを要求される。きめ細かく顧客に対応するために専門化した組織を編成することが効率的である。

⑦顧客に関する深い知識が明確な競争優位につながる。

今日では，多くの企業にとって，市場志向と顧客重視の徹底が競争優位の源泉となる。上記の要因と密接にかかわることであるが，現代企業が，顧客と緊密な関係を構築しようとすれば，顧客に関する詳細かつ深い知識が不可欠であり，競争優位の維持・獲得には，そうした顧客知識を効率的に習得・蓄積できるような専門組織を編成することが重要になる。

以上のような要因を背景として，現代の企業は，顧客満足を徹底すべく，顧客対応のための多くの機能を持とうとする。しかし，従来の製品事業部制組織において個別の顧客や市場ごとに生産ラインを設けるといったことは，生産の効率性と規模の経済性を全く犠牲にしてしまうため不可能である。すなわち製品開発，部品調達および生産などにおいてスケール・メリットを享受しようとすれば，製品の製造に関しては製品別事業部や職能別組織が適切である。したがって，顧客志向と製品・サービス事業の効率性と経済性を両立させるという点で，顧客や市場別に特化したフロント部門組織と製品別ないし職能別に編成されたバック部門組織からなるフロント・バック型組織を採用することは効率的であり，競争優位に繋がるのである（ガルブレイス＆ローラー三世，1996）。

(2) フロント・バック型組織のデザインと管理

しかしながら，フロント・バック型組織は固有の困難を伴う。この組織形態はフロントとバックに明確に分化しているけれども，有効に機能するためには双方の統合と協働が不可欠である。したがって，フロントとバックの間の連係と調整が極めて重要かつ困難な管理課題となるのである。フロント・バック型組織のデザインには，次のような問題を十分検討・考慮する必要がある（ガルブレイス，2002b）。

1）マーケティング部門の配置

専門化による効率や規模の経済性ということを考えると，フロント部門に販売・マーケティング機能を集約し，バックの製品事業部組織には配置しないことで，販売，マーケティング業務における規模の経済性と資源の重複の回避を実現できる。しかし，実際にはフロント部門，バック部門の双方にマーケティング部門を配置可能であるし，場合によっては双方に配置することが必要になる。

フロント部門に配置されるマーケティング部門は顧客や市場に焦点を合わせる。その主たる業務は，顧客や市場ごとに製品とサービスのパッケージを作り，パッケージの価格を設定し，チャネルを選択し，販売を支援することである。一方バック部門のマーケティングは製品自体のマーケティングを行う。すなわち製品のポジショニング，製品の価格設定，新製品開発および企画，製品のデザインの決定などに取り組む。したがって，フロント部門とバック部門ではそれぞれのマーケティング業務の内容や対象が異なるため，重複することはない。むしろこうした2種類のマーケティング活動が，フロント部門とバック部門の連係において重要な役割を果たす。

2）フロント部門，バック部門の役割，権限と責任

フロント・バック型組織では，フロント部門とバック部門の役割，権限と責任が明確でない場合には，いたずらに混乱がもたらされることになるだけでなく，経営資源の浪費と調整コストの増大に陥る。

フロント・バック型組織では，例えば次のような事項についての意思決定と権限，責任の配分において固有の問題に直面する。製品価格の決定はどちらが行うのか。いずれの部門が需要変化や市場動向の変化の予測を行うのか。製品在庫に対する責任はどちらが負うのか，といった事項である。管理・調整コストを著しく高めることなく，フロント・バック型組織を機能させるためには，これらの事項について意思決定の権限と責任分担を明確にしておくことが不可欠である（ガルブレイス，2002b）。

さらに，フロントとバックのどちらをプロフィットセンターとして位置づけるかが問題になる。しかし，フロント部門，バック部門のいずれもプロフィットセンターとして位置づけることが可能である。すなわち，フロント部門は顧客あるいは市場別の販売・マーケティングのプロフィットセンターとして，バック部門は製品別プロフィットセンターとして運営され得る。また，フロントとバックのいずれもプロフィットセンターとしながら，そのどちらかに優先権を与えるといった場合もある。シティバンクは，顧客が第一，商品は第二であるというポリシーから，顧客関係のフロント部門に優先権があり，融資や外国為替といった商品部門はまず顧客を支援することが要求され，その結果として様々な金融商品を販売する。シティバンクが，こうしたバランスと連係を維持しようとすれば，フロント，バックの業績が収益額をもとにして測定されるといったことは避けなければならない。むしろ，この場合バック部門は要求されている顧客へのサービスと支援といった点でその業績を評価され，次いで金融商品販売の収益性が問題にされるのである（ガルブレイス，2002b）。

3）コンフリクト，意見の不一致

フロント部門，バック部門の間で，役割や権限，責任が明確に配分されていても，コンフリクトや意見の不一致が生じることがありうる。そもそも，組織の分業構造は部門間に価値観の相違や目的の対立をもたらす（Hickson et al., 1971）。たとえば，フロント部門とバック部門では同じ製品事業を取り

扱っていても重点の置き所が異なる場合がある。フロント部門は市場や顧客の視点から事業を捉え，より顧客満足を実現するために個々の顧客に対して特別なサービスを実現したいと考える。一方バック部門は製品の視点から，顧客や市場の規模や開発資金の回収をより重視するかもしれない。こうした場合，フロント部門の顧客志向とバック部門の製品志向はコンフリクトをもたらすことになる。

さらに，フロント部門が顧客の要望を完全に満たすような製品とソリューションを提供しようとすれば，場合によっては，自社のバック部門以外からも製品を調達しようとするだろう。なぜならバック部門の取り揃える製品ラインが，顧客のあらゆる要求に応えるすべての製品を包括することはあり得ないからである。また，フロント部門が独自のプライベート・ブランドでの販売を行うような場合にも，他社の製品を購入しようと考えるかもしれない。

その一方で，バック部門は，販売規模の確保と研究開発費の早期回収のために，フロント部門以外にも製品を供給したいと考えるかもしれない。もちろん，バック部門が社外に製品を販売することは禁じられるものではない。しかし，その場合の販売先が自社のフロント部門と競合する企業であるかもしれない。そのような場合にはコンフリクトは深刻なものとなるだろう。

フロント部門とバック部門のこうしたコンフリクトは，双方の協調関係と緊密な連係を阻害し，場合によっては企業全体に対して致命的な結果をもたらす。したがってこうしたコンフリクトを解消できるような調整部門や，効果的に製品・技術や市場・顧客のバランスをとることができる高度なスキルと知識を持った管理者が必要とされる。

4）フロント部門，バック部門間の連係

フロント・バック型組織では，フロント部門，バック部門の間の連係と調整が不可欠である。双方がプロフィットセンターとして運営される場合であっても，フロントおよびバックの連結の損益を目標として，協調し合意を形

成するような水平的調整を通じて計画を立て，予算を編成することが必要となる。こうした水平的調整を通じて製品や市場に関して，コスト，売上，市場占有率，目標とする収益率などが設定される。その際，こうした計画プロセスは図表4-9のような製品-市場／顧客プランニング・マトリックスに基づいて進められる。

この計画プロセスは，フロント部門の市場ないし顧客マネジャーとバック部門の製品マネジャーが共同で，プランニング・マトリックスの各セルのなかに目標とする売上，コスト，市場占有率，利益，成長率を設定していくような合意形成プロセスである。各セルに設定された目標の達成は，フロント部門のマネジャーとバック部門のマネジャーの共同責任となり，共同の成果目標として，業績評価と報酬の基礎を提供する（ガルブレイス＆ローラー三世，1996）。

フロント・バック型組織では，両部門間の水平的調整が効果的に行われるよう，フロント部門とバック部門が主要な事業ないし業務のプロセスごとに連結されることが必要である。たとえば，フロント部門が顧客から注文を受

図表4-9　製品-市場／顧客プランニング・マトリックス・シート

	市場A／顧客A	市場B／顧客B	市場C／顧客C
製品事業1	売上 市場占有率 目標収益率		
製品事業2			
製品事業3			

出所） Galbraith, J.R., Lawler III, E.E.and associates, *Organizing for the Future*, Jossey-Bass, 1993, p. 55, Galbraith, J.R., *Designing Organization*, Jossey-Bass, 2002, p. 70, Galbraith, J.R., *Designing the Global Corporation*, Jossey-Bass, 2000, p. 257 の図をもとに作成

け，その処理はバック部門で行われる。新製品はバック部門で開発・生産され，フロント部門でチャネルが選択され，販売される。こうしたフロント部門とバック部門の関係は連続したバリュー・チェーンのなかで考えられなくてはならない。こうしたフロント部門とバック部門の連係を確保するために費やされる時間と調整努力がフロント・バック型組織の主な運営コストである。

(3) フロント・バック型組織の有効性

フロント・バック型組織が今日の新しい組織形態として企業の関心をひきつけるのは，それが顧客と市場のニーズへの柔軟な対応と製品・サービス事業の効率性と規模の経済性を両立させる可能性を持つからである。したがってこの組織形態は，顧客志向を徹底しようとする多角化企業やグローバル企業にとって有効な組織形態である。フロント・バック型組織の主たる優位性は次のようにまとめられる。

①顧客別あるいは市場別に編成されたフロント部門と製品別に編成されたバック部門とを配置することで，顧客別あるいは市場別組織構造と製品別組織構造の双方の優位性を得ることができる。たとえば，市場-製品マトリックス組織も市場別（顧客別）と製品別の要求の双方を満たそうとするが，マトリックスでは市場別（顧客別）部門の従業員は同時に各製品別部門の指示命令系統にも属するため，フロント部門ほど顧客・市場に特化することはできない。

②フロント部門が顧客や市場ごとに特化した組織として編成されることで，顧客の多様な要求に迅速かつ柔軟に対応できるし，顧客関連業務に経営資源を集約して活用できる。

③フロント部門が顧客との緊密な関係を結ぶことで，市場や顧客に関するより深い知識を獲得することができ，それらをバック部門において新製品開発や新事業へと転換することが可能となる。情報の収集と集約的な活用とい

う点でもフロント部門を配置することは効果的である。

しかし，フロント・バック組織は両部門の連係・調整に関して重要な課題に直面する。

フロント部門とバック部門の間の役割，権限，責任の配分や双方の間の合意形成に際して，また顧客志向と製品志向の両部門の価値観の相違からコンフリクトが生じる場合があるため，フロント部門とバック部門間の滑らかな水平的調整と緊密な連係の維持は，この組織形態を採用する際の最も重要かつ困難な課題である。こうした課題の克服には，高度の調整スキルと専門知識を持った管理者の育成と調整システムの構築が必要となる。これは組織としての管理・調整能力を向上させることにほかならない。こうした組織の管理・調整能力は，同時に明確な競争上の優位性につながる。すなわち，こうした能力は組織固有の能力として組織に蓄積されるものであるため，競合他社にとってフロント・バック型組織は容易に模倣したり実行したりすることは不可能となるからである。この点において，フロント・バック型組織は，今日の競争優位の現実的かつ持続的な源としての「組織の対応能力」（ナドラー，タッシュマン，1999）を獲得しうる新たな組織形態といえよう。

5．企業間関係とネットワーク組織

(1) 企業間関係の形成要因

今日のような急激かつ不連続な変化が常態であるような環境においては，あらゆる職能を内部化しようとすることは，組織の調整コストを増大させ，組織の適応能力を著しく低下させることになる。企業は外部環境からさまざまな資源を調達・獲得し，そうした資源を活用して活動している。いうまでもなく，企業はオープン・システムとして，経営環境との相互作用のなかで活動しているのである。

どんな企業でも他の企業との競争の中で活動している。しかし企業と企業との関係は常に競争的であるわけではない。今日，企業は必要な職能を全て

内部化することが競争優位につながるものではないということを認識している。その結果，ある企業は自分の最も能力を発揮しうる職能分野に特化して，他は外部委託したり，またある企業は自社の能力やノウハウ・資源の不足を，他の企業と連携することで補完しようとするのである。現代の企業間関係は競争的であると同時に協調的である（ピコー，ディートル，フランク，1999）。現代企業にとって，他の企業との協調的な関係をいかに構築しマネジメントするかは，持続的な競争優位の獲得にとってますます重要になってきているのである。

では，現代企業が他との協調関係を構築しようとする際には，どのような戦略的意図や要因が存在するのだろうか。まずこれについて見てみよう（ピコー，ディートル，フランク，1999，ナドラー，タッシュマン，1999，ガルブレイス，2002b，山倉，1993）。

1）コストの節約

提携など他の企業との協調関係を通じて，規模の経済性やシナジー効果が得られたり，職能業務の結合による効率化の機会が得られることで，生産コストやその他業務コストを節約することができる。たとえば製品開発と製造について提携関係を結ぶことによって，規模の経済性の発揮に十分な生産量を確保することができるだろう。さらに互いの必要とする経営資源の補完や共通利用によって資源の重複による無駄の削減と業務コストの低減を期待できる。また，提携関係にある企業同士が原材料や部品の調達を集約して行うことで，大量購入による値引きを得られることもあるだろう。

2）不確実性の増大とリスクの分散（リスク・シェアリング）

他の企業と協調関係を結ぶことで，経営上のリスクを分散することができる場合がある。たとえば，次世代のテクノロジー（ナノ・テクノロジーやバイオ・テクノロジー）に関する基礎研究やイノベーティブな製品・製造技術への投資は，事業としての将来性や成功の可能性が極めて不確実であるという点でリスクを伴う。さらに今日の技術革新・研究開発にはますます大規

模・多額の投資が要求されるようになっており，金額の面でも，またリスクの面でも，もはや一つの企業が負担できる水準を超えている。このような場合には他の企業と協調することで，研究開発への投資に伴うリスクを分散することができる。

　今日のように，市場のグローバル化が進み，顧客の嗜好は急速に変化し，製品や技術のライフ・サイクルはますます短縮化されるような，極めて不確実性の高い環境においては，特定の技術や製品，設備や地域などに対する「特殊な」投資は，極めて大きなリスクを伴う。環境が変化することで，行われた投資は計画していた効果をあげないかもしれない。したがってこうした環境下においては，企業は投資のリスクを分散するために，他の企業と協調しようとする。

　3）取引費用の節約

　ウィリアムソンらによる取引費用理論（Williamson, 1975）によれば，中程度の資産特殊性を有する財やサービスを市場から購入することは取引費用が高いため効率的ではない。またこうした財やサービスを企業組織内で内製することは，組織の調整コストを増大させるし，外部の専門サプライヤーのほうがより効率的に生産することができるだろう。専門サプライヤーは他の複数の企業の需要をまとめることで「規模の経済」を享受することができるし，専門企業としての経験を積むことによる「学習効果」も得られるからである（ベサンコ，ドラノブ，シャンリー，2002）。したがって，中程度の資産特殊性を有する財やサービスについては，供給契約などの長期的な協調的関係を通じて調達することが最も効率的なのである。たとえば，トヨタや日産など自動車メーカーがトランスミッションや電子部品などの特殊仕様の部品を，サプライヤー契約を結んでいる専門部品メーカー（協力会社）から調達するのはこのためである。

　④ ノウハウと生産能力の限界の克服，資源の補完

　あらゆる領域において高度の能力を備えた万能の企業組織というのは現実

的とはいえない。そうした企業組織を構築しようとすれば，法外に高い調整コストに直面すると同時に，結果的に経営資源の浪費と環境への適応能力の低下という状況に陥るだろう。むしろ今日の企業は，自社の最も得意とする領域，最も高い競争力を持つ領域の活動を遂行し，その他の領域については，そこで最も高い競争力を有する企業と協調することで，企業全体としての競争優位を達成しようとする。たとえば，技術的に複雑であり量的にも膨大であるような活動はもはや一社のみによっては遂行し得ないため，企業間の協調を必要とする。新しい製造技術や次世代技術の開発といった活動は一企業の能力で遂行できる水準を超えている。このような場合には，他の企業と共同で開発にあたることで，互いが必要としているノウハウや技術，経営資源を獲得・補完し合いながら，プロジェクトを進めていくことが効果的なのである。さらに，こうした協調関係から，他の企業の思考様式，行動様式を学ぶことで，新たなノウハウや能力を身につけるといった学習効果も期待できるだろう。

(2) 戦略的提携

　上に見たような戦略的要因を背景として現代企業は様々な協調関係を取り結んでいるが，なかでも，今日最も多く見られ，また戦略的にも重要となっている協調関係の形態として，戦略的提携（アライアンス），さらに「ダイナミック・ネットワーク」（ピコー，ディートル，フランク，1999）ないし「ヴァーチャル企業」（ガルブレイス，2002b）と呼ばれる企業間関係が指摘される。以下ではこれらについて取り上げよう。

　提携（アライアンス）は，スポット契約よりも長期にわたる契約や，時にはジョイント・ベンチャーのような資本関係を伴う，二つ以上の企業による協調関係の構築である。今日，こうした提携は，企業の戦略的意図に応じて，技術提携，研究開発提携，販売提携，生産提携などさまざまなかたちで展開されている。また，経済のグローバル化の進展に伴って，国際提携も著

しく増大している。かつての日本的企業間取引システムの特徴とされた系列が市場競争の激化に伴い解体されるにいたった結果，系列を超えた提携も行われるようになっている。一昔前まで，今日われわれが目にしているような財閥系企業間の提携やメガ・バンクの登場など想像もできなかったであろう。これは今日企業間の提携が，競争優位の獲得や企業の存続にとって，いかに戦略的に重要となっているのかを示す例であるといえるかもしれない。

外部委託や外部調達（アウト・ソーシング）も今日極めて重要な企業間協調関係の一つである。ソーシング関係においては，バリュー・チェーンの一方の段階に位置する企業に対して，他方の別の段階にある企業が部品や原材料，各種のサービスを供給するという形がとられる。ここにおいても顧客企業とサプライヤー企業との関係は長期的な供給契約に基づいて構築される。サプライヤー企業は顧客企業から，需要変動のリスク軽減と販売規模の確保といった有利な条件を提供される代わりに，顧客企業向けの特別誂えの製品やサービスを供給する。こうしたソーシング関係においては，将来の事業計画についてのコミュニケーションや製品・サービスの共同開発といったことが行われ，両社はパートナーとなる。

しかし，こうしたソーシング関係に伴う問題として，機会主義的行動とホールド・アップのリスクが存在する。つまり，特殊部品の供給関係を取り結んだ後に，サプライヤーは顧客企業が特殊部品の供給について自社に依存していることを機会主義的に利用して，価格の吊り上げを行おうとするかもしれない。その一方で供給する特殊部品の製造がサプライヤーにとって特別な設備投資を必要とするような場合には，サプライヤーは投資資金を早期に回収するために，できるだけ大きな販売量を確保する必要があり，顧客企業がサプライヤーのそうした弱みに付け込んで発注規模と引き換えに部品価格の値下げを迫ってくるかもしれない。こうしたリスクを軽減するため，顧客企業はデュアル・ソーシングによって単一のサプライヤーへの過度の依存を回避しようとするし，サプライヤーのほうは顧客企業用の投資を行うことによ

るホールド・アップのリスクを削減するために，特殊な投資の担保として顧客企業の資本参加を要求することがある。先にも見たように，リスクを削減すると同時にソーシング関係の経済性を享受するために，現代の企業は，サプライヤーを選別して，少数の企業と良好かつ長期的な協調関係を構築することを望み，サプライヤーもそうした顧客企業との関係をより強化することを目指している（フロント・バック型組織が登場してきた背景にはどの様な要因があったかを思い起こしてみよう）。

さて，戦略的提携では，ソーシング関係とは異なり，バリュー・チェーンの各段階にある企業同士ではなく，競合関係にある企業同士の協調が行われる。提携関係においては，参加する企業の間で，情報共有と交換，コミュニケーションが行われ，研究開発や製造，販売など提携の目的とされる活動が共同で進められる。提携の成果も共有しあうことになる（ガルブレイス，2002b）。

こうした提携関係のデザインには，基本的なものとして3つの選択肢がある。第1は，提携関係のどちらか一方の企業が提携業務の運営責任と意思決定を引き受けるという「オペレーター型アライアンス・モデル」である。このモデルは，コンフリクトの回避と決定の迅速さという点で優位性を発揮する。第2は，「シェアード（shared）アライアンス・モデル」である。ここでは，提携参加企業が提携業務についての責任を分担し合い，意思決定も両社から派遣されたマネジャーなどによって共同で行われる。このシェアード・モデルは，両社がそれぞれ得意分野において能力を発揮するといった相互補完的な関係にあるような提携においてしばしば採用され，効果を発揮するが，一方で両社間のコンフリクトの発生や意思決定の遅延といった問題もある。最後は，提携業務が，提携関係にある親会社から独立した事業会社で遂行されるような「自律的ジョイント・ベンチャー・モデル」である。これは，極めて革新的な新しい技術の開発や大規模な投資プロジェクトなど，大規模で複雑，リスク分担が必要な提携業務において採用される。環境の変化

やリスクに柔軟に対応できるという点で，このモデルは優位性をもつ（ガルブレイス，2002b）。

　さて，当然，戦略的提携が経営上の固有の問題を生起させることを指摘しておかねばならない。提携関係を取り結ぶことによる調整コストは，提携による成果を比較考量したうえで負担しなければならないコストであるが，こうした提携関係の調整をめぐって固有の問題がもたらされる。すなわち，それは提携関係のなかでの自社の自由裁量の確保であり，コンフリクトの解消，交渉と合意形成といった問題である。したがって，こうした調整に関わる問題をできるだけ少なくしようとすれば，どのようなパートナーと提携を結ぶのかという選択は極めて重要な戦略的課題になる。

　提携を双方にとって実りあるものとするには，提携パートナーの選択に当たって以下の点を十分検討しなければならない（ナドラー，タッシュマン，1999，山倉，1993，ガルブレイス，2002b）。

- パートナーは目標を共有し，類似した業務プロセスや価値観（ものの考え方），文化を備えていなければならない。提携に伴うコンフリクトを最小に抑えるために，この点は重要である。
- 自社の保有資源や強みを確認するとともに，提携を通じて補完しようとする資源とは何であるのかを明確にしておくべきである。そのうえで，提携先のパートナー候補企業の能力・資源の評価を適切に行う必要がある。
- 提携に関する戦略と目標について明確にし，合意しておくことが重要である。互いの戦略的意図を理解しておかねばならない。
- 提携関係にある企業の経営者，上級管理者はチームワークと共同作業のマネジメントに不可欠の技能と責任感を備えていなければならない。提携業務や，ジョイント・ベンチャーの管理のために，パートナー企業の管理者が共同で組織，業務プロセス，ガイドラインを設計していくことが重要である。
- パートナー企業の上級管理者には，提携業務やプロジェクトの管理・監督

に関する厳格な成果責任と明確な役割が配分される必要がある。互いの協調とチームワークを促進する報酬システムのデザインがそのために必要となる。
・パートナー企業が互いを信頼するとともに，提携のマネジメントは困難な課題であり，長期的な成功のチャンスは限定されていることを理解しておくべきである。
・提携の成功が極めて困難な課題であることから，提携を取り結ぶパートナーには，すでに提携を経験していることが望ましいだろう。

(3) ネットワーク組織

　提携と並んで，今日戦略的に重要となっている企業間協調形態がいわゆる「ネットワーク組織」（今井，金子，1988，ガルブレイス，ローラー三世，1996）や「ダイナミック・ネットワーク」（ピコー，ディートル，フランク，1999），「ヴァーチャル組織」（ガルブレイス，2002b）と呼ばれる企業間関係である。「ネットワーク」とは，人間や集団，組織の間の様々な関係，結びつきを意味する。今日の企業間関係のなかで見られるネットワーク組織とは，さまざまな活動を遂行するそれぞれ独立した企業が，その独立性を維持しつつ互いに協調関係を取り結ぶことで構築される企業の連合体である。こうした独立した企業のネットワークは，市場においてあたかも単一の企業のように協調して行動するため，しばしばこうしたネットワークは「ヴァーチャル企業」と呼ばれるのである。
　ネットワーク組織は，その最も進んだ形態においては，企業や個人の多重で多様な関係のパターンが自己組織的に形成されたものとして捉えられるが（今井，金子，1988），今日，現実的に多くの企業によって戦略的に展開されているネットワーク組織は，ネットワークのなかに，中央で統括する中核企業ないし「ネットワーク・インテグレーター」（ガルブレイス，ローラー三世，1996，ガルブレイス，2002b）を置くような形態である。これは「ダイナミッ

ク・ネットワーク」とも呼ばれる。

　企業の多重かつ多様なネットワークからなるネットワーク組織のイメージは図表4-10のようになる。

　このように，ネットワークの個々の企業が互いに直接的に関係を取り結ぶとなると，その協調関係の数は，ネットワーク参加企業がn社の場合，1/2n(n-1)となり，もはや個々の企業によって調整できる水準を超えてしまう。そうなるとネットワーク全体として協調的行動を取ることは極めて困難になる。

　こうした問題は，企業のネットワークのなかに，ネットワークの中央本部としての中核企業，「ネットワーク・インテグレーター」を置き，こうした企業がネットワーク全体の統轄や企業間協調関係の調整を行うことで克服できる。中核企業を置くことで，ネットワーク内で調整しなければならない協調関係の数は，1/2n(n-1)からnに減少するのである。今日戦略的に展開されているネットワーク組織とは，ネットワーク・インテグレーターと多くの自律的な専門的能力を有する企業との協調関係によって構築されるような形態である（図表4-11）。

　ネットワーク組織において，ネットワークに属する各企業は，専門的企業として活動したり，ネットワーク・インテグレーターの役割を果たすことが

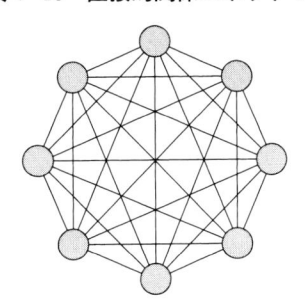

図表4-10　直接的関係のネットワーク

出所）Picot, Dietl, Franck, 1997, 邦訳, 1999, p. 130

図表 4-11 ダイナミック・ネットワーク

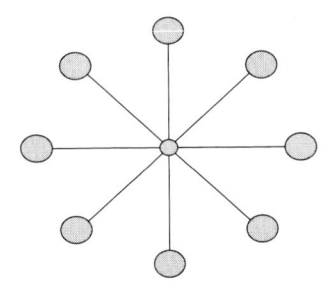

出所）Picot, Dietl, Franck, 1997, 邦訳, 1999, p. 130

できる。専門的企業は自らが専門特化した機能を遂行し，ネットワーク内の各企業にサービスや製品を提供する。

　ネットワーク・インテグレーターは，通常，ネットワーク組織が行っている事業のバリュー・チェーンの主要な段階を担っており，ネットワーク内の各企業の活動を，顧客に対して価値を生み出すように取り纏め，調整する。

　さらに，ネットワーク・インテグレーターは，ネットワーク組織を構成する各企業の意思決定と行動の調整を行う。すなわち，ネットワーク内の各企業間の協調関係が維持されるよう配慮し，ネットワーク全体をリードする。また，ネットワーク組織が行う事業の戦略を策定し，ネットワークを構成するメンバー企業の選別を行い，そうしたメンバー企業を情報・コミュニケーション・システムで結びつける。

　また，インテグレーターはネットワーク組織の物流機能を管理し，ネットワークを支援する情報システムを構築する。「時間による競争」に対処するために，ネットワークを代表して物流と情報を管理するのである。インテグレーターはネットワークの中央でマーケティングを行い，ネットワーク全体の調達を集約して行うことで，ネットワーク組織が規模の経済性を享受することを可能にする。

　ネットワーク組織を構成するどの企業も互いに独立しており，取引相手を

自分で選択する自由裁量を有するのであり，ネットワーク内において調整は行われるが，同時に価格メカニズムも機能している。この点で，ネットワーク企業は互いに競争関係にあると同時に協調関係にある。こうしたネットワーク組織は，不安定で変化が激しい産業分野において効率的な組織形態であるといえるだろう（ピコー，ディートル，フランク，1999，ガルブレイス，ローラー三世，1996，ガルブレイス，2002b）。

▶ 学習の課題

1 今日のさまざまな組織形態を生み出している背景にみられる戦略的要因とは何か。
2 プロセス組織，フロント・バック型組織，アライアンス，ネットワーク組織のそれぞれの強みと弱みは何か。

◆ 参考文献

ベサンコ，D.，ドラノブ，D.，シヤンリー，M. 著，奥村昭博，大林厚臣監訳『戦略の経済学』ダイヤモンド社，2002年

Daft, Richard L., *Essentials of Organization Theory and Design*, South-Western College Publishing, 1998.（高木晴夫訳『組織の経営学』ダイヤモンド社，2002年）

ガルブレイス，J. R.&ローラー三世，E. E. 著，寺本義也監訳，柴田高・竹田昌弘・柴田道子・中條尚子訳『マルチメディア時代に対応する21世紀企業の組織デザイン』産能大学出版部，1996年

ガルブレイス，J. R. 著，平野和子訳，斎藤彰悟監訳『グローバル企業の組織設計』春秋社，2002年（a）

ガルブレイス，J. R. 著，梅津祐良訳『組織設計のマネジメント―競争優位の組織づくり―』生産性出版，2002年（b）

Hickson *et al.*, "A strategic contingencies' theory of intraorganizational power", *Administrative Science Quarterly*, vol.16, pp.216-229, 1971.

今井賢一・金子郁容『ネットワーク組織論』岩波書店，1988年
亀川雅人・高岡美佳・山中伸彦『入門現代企業論』新世社，2004年
岸田民樹『経営組織と環境適応』三嶺書房，1985年
小橋勉「フロント―バック組織：グローバル企業の新たな組織構造」，『日本経営学会誌』第11号，2004年
森本三男『現代経営組織論』学文社，1998年

ナドラー,D. A., タッシュマン,M. L., 斎藤彰悟監訳, 平野和子訳『競争優位の組織設計』春秋社, 1996年
Pfeffer, Jeffrey and Salancik, Gerald R., *The External Control of Organizations : A Resource Dependence Perspective*, Harper & Row Publishers, 1978.
ピコー, ディートル, フランク著, 丹沢安治・榊原研吾・田川克生・小山明宏・渡辺敏雄・宮城徹共訳『新制度派経済学による組織入門―市場・組織・組織間関係へのアプローチ―』白桃書房, 1999年
坂本和一『GEの組織革新』法律文化社, 1997年
鈴木秀一『入門経営組織』新世社, 2002年
高橋宏幸・丹沢安治・坂野友昭『現代経営・入門―企業価値を高める経営活動―』有斐閣ブックス, 2002年
山倉健嗣『組織間関係―企業間ネットワークの変革に向けて―』有斐閣, 1993年
ウィリアムソン, O. E. 著, 浅沼萬里・岩崎晃訳『市場と企業組織』日本評論社, 1980年

● 第5章のポイント

■ 人間関係論の成立契機となったホーソン実験のあらましを把握する。

■ 社会人仮説，非公式集団，感情の論理など，人間関係論の中心的概念を理解する。

■ 人間関係論の意義を考察する。

◨ 基本用語

【社会人仮説】 人間は物質的・経済的欲求を満たすためにだけでなく，仲間たちの集団に所属したいという欲求にしたがって行動するという考え方。

【非公式集団】 職場内における個々人の相互に親密な関係により自然に形成される社会的集団。

【感情の論理】 非公式集団に貫徹する判断規準。これにより安定感・帰属感・一体感といった仲間意識が醸成される。

第 5 章　人間関係論──ヒューマン・リレーションズ──

1. 時代背景

　1920年代における産業合理化運動以降，工場労働は大きく変化した。機械化の急速かつ広範な進展は作業現場の労働を単純反復的なものにしてしまった。その結果，労働者の単調感・疲労感は増幅し，生産能率を低下させた。彼らの不平や不満，ひいては疾病・傷害は増加し，工場労働における人間疎外が深刻な問題となった。

　こうした時代経過のなか，ある大規模な工場実験を機に人間の心理的・社会的側面を重視しなければ労働意欲の向上は望めないとする，新たな管理の考え方が示される。人間関係論（human relations theory；HR）の台頭である。本章では，メイヨー（Mayo, G.E.）やレスリスバーガー（Roethlisberger, F. J.）がホーソン実験（Hawthorne experiments）に基づき展開した人間関係論を解説する。

2. ホーソン実験の概要

　ホーソン実験は1924年から1932年にわたり行われた。実験現場となったホーソン工場は，アメリカ電信電話会社という大規模な優良企業の傘下にあって電話機の製造を担当するウエスタン・エレトリック社の主力工場であった。この実験は当該企業の調査機関とハーバード・ビジネス・スクールの産業調査部との協力によって実行された。メイヨーやレスリスバーガーは，産業調査部の教授として実験に参加し指導的な役割を果たした。

　メイヨーらの問題意識は，労働者の作業の単調感や疲労感をどのように抑制するかにあった。彼らは研究目的を作業条件（ないし労働条件）と作業能率の関係におき，前者を改善すれば後者は向上するという仮説を立てた。し

かし実験の結果，その仮説を立証するデータは得られなかった。むしろ，作業能率を高めるものは労働者のモラール（勤労意欲）であり，そのモラールのあり方を規定する要因として人間関係（非公式集団ないし非公式グループ）が発見されたのである。このような実験の意図に反した思いがけない発見は，経営管理の新たな展望を開いた。ここで取りあげるホーソン実験は，その意味で歴史的な意義をもつといわれている。[2)]

ホーソン実験は図表5-1のように4つの段階から成り立っている。以下，順を追ってまとめていくことにする。

図表5-1 ホーソン実験の内容

段階区分	実験名	実施期間	実施機関	実験目的	結果
第1研究	照明実験	1924～27年	全国学術研究協議会	照明度と作業能率との相関関係	外部的環境の変化が直接影響するのではなく，従業員の態度（感情）が生産能率に影響する
第2研究	継電器組立作業実験	1927～32年	ハーバード大学産業調査部	作業条件の変化と作業能率との相関関係	
第3研究	面接調査	1928～30年	ハーバード大学産業調査部	職場士気と作業条件および監督方法との関連性の検討	生産能率は個人的経歴，集団的感情，自然発生的規律によって規制される
第4研究	バンク配線作業実験	1931～32年	ハーバード大学産業調査部	生産能率に影響を及ぼす社会的条件の存在の解明	

出所）文 載皓「第6章 人間関係論」佐久間信夫・坪井順一 編著『現代の経営管理論』学文社，2002年，106ページから引用作成

(1) 照明実験

照明実験はメイヨーらハーバード研究グループによるものではない。しかしホーソン実験の最初の試みであり，その結果が後の研究に重要な示唆を与えたと解されるため，ここでまとめておきたい。実験はウエスタン・エレトリック社の技師ペンノック（Pennock, G.A.）が中心となり，全国学術研究協議会（National Research Council）の協力を得て行われた。そのねらいは照明度（作業条件）が従業員の作業能率にどのような影響を及ぼすかを調べる

ことにあった。最大の作業能率は最適な照明によってもたらされるはずであり，それより明るくても暗くても作業能率は低下するという仮説が立てられた。しかし結果は予想に反するものとなった。

実験は照明変化のもとで作業するテスト・グループと一定の照明のもとで作業するコントロール・グループに分け，双方の作業量を測定する方法で進められた。テスト・グループにおいては照明度をあげるにつれ作業量も上昇した。しかし，最適な明るさと判断された値を超えてもなお作業量はあがり続けたのである。さらに照明を落としても作業量はあがり，月明り程度になるまでその低下はみられなかった。またコントロール・グループにおいても照明が一定でありながら作業量の増加がみられたのである。

結局，当初の仮説は立証されなかった。つまり照明と作業能率との間には何も相関をみつけることができなかった。それでは照明に代わりどのような要因が作業能率に影響を及ぼすのか。これを解明することが第2の実験目標として置かれた。

(2) 継電器組立作業実験

ウエスタン・エレトリック社は能率問題の本格的解明を期し，これ以降における実験の指揮をメイヨーに委ねた。継電器組立作業実験の目標は作業条件の設定数を増やして作業能率との関係をみるというものであった。実験は継電器の組み立て（relay assembly）作業にあたる6人1組の女子工員（5人の経験工と1人の部品供給係）を対象に，調査用に設けられた作業室において行われた。さまざまな作業条件（①1日の労働時間，②1週間の労働日数，③作業開始と終了時間，④休憩時間，⑤室内の温度・湿度，⑥会社支給の軽食，⑦賃金の支払方法等々）を次々に変えながら彼女たちの作業量の推移を測定した。結果は照明実験と同様に作業条件の変化と作業能率との間には明確な相関関係が現れなかった。作業条件の変化にかかわらず作業量はおおむね増加したのである。

図表5-2　ホーソン実験の変化

Ⅰ 照　明　　　Ⅱ 継電器　────▶　Ⅲ 面　接　────────▶　Ⅳ バンク配線

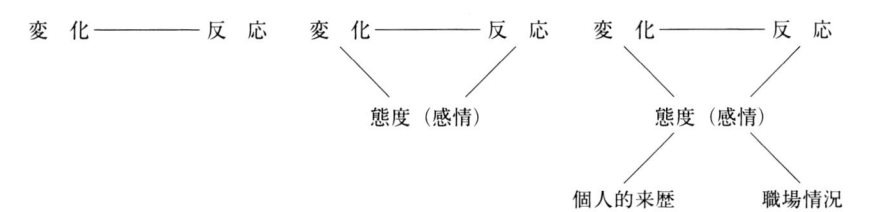

変　化　──────　反　応　　　変　化　──────　反　応　　　変　化　──────　反　応
　　　　　　　　　　　　　　　　　　╲　　　　╱　　　　　　　　　　　　　╲　　　　╱
　　　　　　　　　　　　　　　　　態度（感情）　　　　　　　　　　　　　態度（感情）
　　　　　　　　　　　　　　　　　　　　　　　　　　　　　　　　　　　╱　　　　╲
　　　　　　　　　　　　　　　　　　　　　　　　　　　　　　　　個人的来歴　　職場情況

出所）正木久司『経営学講義』晃洋書房，1993年，200ページ

　メイヨーらは実験データを分析したすえ，労働者の能率に影響を及ぼしているのは，作業条件よりむしろ労働者同士の態度（感情）であることに気がついた。これがいわゆるモラール（morale）:「集団に生じる勤労意欲」である。彼女たちのモラールは選抜された誇りや責任感，そして特別な仲間意識などから形成・維持された。これにより作業能率は条件に左右されることなく上昇傾向を示したのである。
　この段階に至り，メイヨーの関心は作業の物質的条件よりも人間関係の心理的作用に移行した。インフォーマルな労働者集団の行動特性を見きわめなければ能率問題は解明できないことを認識したのである。従来，労働者はより多くの賃金を得ることを目的として働くものとみなされてきた。しかし，彼女たちは賃金よりも仕事仲間とのコミュニケーションを楽しむために働いているように映る。そうだとすれば，現行の管理は見誤った前提に立っているといえ，仲間集団の社会的機能を重視した新しい管理方法を考えることが必要となる。そこでメイヨーらは，管理方法のあり方についての率直な声を聞くために大規模な面接調査を実施したのである。

(3) 面接調査

　面接調査（インタビュー・プログラム）は1928年から検査部門の1,600名を対象に始められた。その後他の部門に拡大され，1930年までには総計2万1,162名に及ぶ労働者が面接を受けた。最初は，あらかじめ設定された質問（仕事・作業条件・監督方法）に端的に答えるというアンケート形式がとられた。しかし間もなくして，被験者の多くが質問にないことを話したがることに気づき，自由に話してもよいとする「非指示的面接（non-directive method）」に改められた。このプログラムは被験者たちに歓迎され得られた意見は膨大なものとなった。

　メイヨーらは労働者たちから不平・不満を聞きだし，その原因になっている監督方法の欠陥を除去すれば，不平・不満は解消し能率向上につながるだろうと考えた。ところが，面接結果が示した事実はメイヨーらの予想に反していた。確かに物理的な作業条件についての苦情には改善へとつながる有用性が認められた。しかし監督方法（監督者や監督行為）に対する不平・不満は，あまりにも恣意的・主観的であった。つまり彼らの訴えは本人自身の「感情（sentiment）」の現れであり，その人間的内面に立ち入らないかぎり理解しがたいものだったのである[3]。

　この調査から知りえたことは，①人間の行動はその感情と切り離して理解できない，②感情は容易に偽装され多様な形態をとる，③感情は全体的な情況に照らして理解されるべきである，というものであった[4]。ここに至りメイヨーらは，生産能率を規定する要因が作業条件や監督方法というよりは，むしろ職場の「人間的情況（human situation）」にあると結論した。そして作業集団の人間的側面をより詳しく分析するためにバンク配線作業実験を行うことにしたのである[5]。

(4) バンク配線作業実験

　この実験はバンク（当時の差込式電話交換台）の配線作業にあたる14人の

男性工員（配線工9人，熔接工3人，検査工2人）を対象に行われた。被験者たちは一室に集められ，互いの人間関係を細かく観察された。彼らには経験年数に見合った基本給のほかにグループ全体の生産高に準じた割増給が支払われた。そのため彼らは仕事に精を出し合って生産高をあげるものと想定された。ところが現実は違っていた。彼らは生産高を一定に保とうとしたのである。[6]

その原因は，彼らの間に1日の仕事量を決定する集団的な統制力が作用していたことにあった。グループ内には，①頑張りすぎるな，②怠けすぎるな，③（監督者に）告げ口をするな，④よけいな世話をやくな，といった感情が形成され，これらが暗黙のルールとなって働いたのである。つまり同じ集団の仲間として認められるには，この集団の「掟」というべき規範に従わねばならない。それを破れば裏切り者として扱われる。観察調査の結果，彼らは集団的な強い規範の中で働き，能率はまさにそれにより規定されることが解明されたのである。

組織の中での労働者は単なる個人として存在しているのではなく，互いに人間的なつながりを保ちつつ社会集団の一員として行動している。メイヨーらはホーソン実験のすえ，このような結論に達した。彼らは，組織内部において諸個人がつくる結びつきを「人間関係」と呼び，人間関係によって築かれた社会集団を，「非公式組織（informal organization）」と名づけた。そして，労働者の能率は作業条件の変化に反応するのではなく，作業条件の変化に非公式の集団がどう反応するかによって説明されるとした。[7] こうしてメイヨーらは，労働者の能率を高めるためには彼らの心理的側面（感情・態度）と彼らが職場に築く人間関係を重視しなくてはならないことを明確にしたのである。

3．人間関係論の展開

ホーソン実験を契機として，経営学における人間観は一変し，人間の心理

図表 5-3　科学的管理法と人間関係論

	科学的管理法	人間関係論
前提（仮説）	経済人仮説 人間は孤立的 　　　　打算的 　　　　合理的	社会人仮説 人間は連帯的 　　　　献身的 　　　　感情的
勤労意欲	経済的動機による賃金など	社会的動機によるモラール
対象組織	公式組織	非公式組織

出所）井原久光『テキスト経営学―「現代社会」と「組織」を考える―』ミネルヴァ書房，1999年，117ページ

的側面や職場に派生する非公式な関係に焦点をあてた研究が盛んになる。こうした一連の研究を総称して人間関係論という。

(1) メイヨーの人間関係論

メイヨーはホーソン実験の結果を踏まえ次のように主張した。人間は，①経済的成果より社会的成果を求め，②合理的理由よりは感情的理由に左右され，③公式組織より非公式集団の影響を受けやすい。したがって，こうした人間観に基づく新しい経営管理が必要である。

また，人間は連帯的・献身的・感情的に行動する「社会人（あるいは情緒人）」であり，科学的管理法が前提とした「経済人」ではないことを指摘した（図表 5-3）。そして，人間を孤立的な存在とみなした従来の社会科学（古典派経済学や初期の管理論）による人間仮説を「烏合の衆仮説」と呼び批判を加えたのである。

メイヨーは，どのような社会集団も「技術的技能：物質的・経済的必要を充足する機能」と「社会的技能：互いの自発的な協働関係を維持する機能」という2つの要素から成立しており，この両者の均衡は保持されねばならないとした。しかし現実の産業社会は，技術的技能が大きく先行し，人びとの間には協働関係を保つ社会的技能の遅れが目立つ。それゆえ，人間組織の均

衡は崩れ能率の遅滞がみられる。彼は，この不均衡を修復するには社会的技能を発達させねばならず，この役割を担うのが管理者であると主張したのである。そのさい，①組織のなかに集団を作り出すこと，②そのためには管理者が協働関係を生み出せるだけの社会的・人間的能力を備えること，③その能力は教育訓練で形成されることなどを強調した[10]。

この点につきメイヨーは，組織の中の個人を孤立的・打算的・合理的なものととらえる「烏合の衆仮説」を異常時の人間観とする一方，人間の協働的本能は個人的利害に優先する，さすれば人間は必ずしも合理的に形成された利己心のみでは行動しないと論じた。こうして，烏合の衆仮説とはまったく逆の，すなわち人間を連帯的・献身的・感情的にとらえる管理の必要性を主張したのである[11]。

(2) レスリスバーガーの人間関係論

レスリスバーガーは，メイヨーの提唱を踏まえて，人間の協働関係を促進するための道筋を立てた。彼はまず，企業内の相互作用のシステムである経営組織を公式と非公式の2つに分け[12]，従来どおりの公式組織に対する管理のほかに，自然発生的に存在する非公式集団の管理が必要になるという。公式

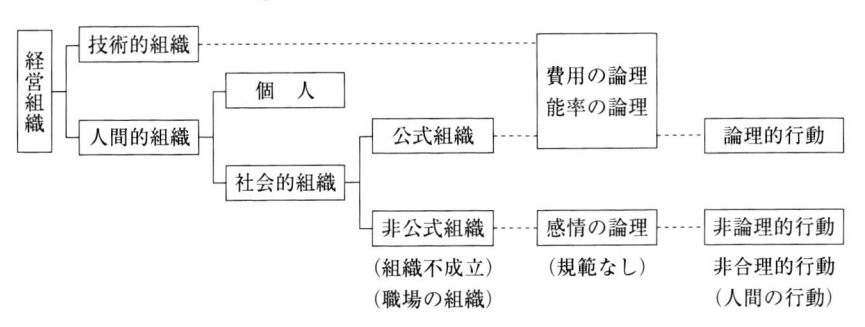

図表5-4　人間関係論における組織観

```
                ┌─ 技術的組織 ────────────────┐
                │                              │
経営組織 ───────┤         ┌─ 個　人          ┌─ 公式組織 ─── 費用の論理   ─── 論理的行動
                │         │                  │              能率の論理
                └─ 人間的組織 ─┤              │
                          │                  │
                          └─ 社会的組織 ─────┤
                                             │
                                             └─ 非公式組織 ─── 感情の論理  ─── 非論理的行動
                                                (組織不成立)    (規範なし)      非合理的行動
                                                (職場の組織)                    (人間の行動)
```

出所）藤芳誠一『新版 経営学』（図説 経済学体系10）学文社，1992年，142ページ

組織の各人は，その集団の経済目的に奉仕する。そこでは「費用・能率の論理（logic of cost and efficiency）」が適用され，それにより目的の達成度合いが評価される。これに対して，非公式集団には人間のもつ感情・態度に根ざし，成員間に自ずと醸成される「感情の論理（logic of sentiment）」が貫徹している（図表5-4）。

　レスリスバーガーは，この非公式集団を企業内の効果的な人間協働のために不可欠な存在として位置づける。それは，公式組織がいかに形式的・合理的に確立されても，非公式集団の現実的な機能を無視すれば企業の能率的運営は成立しえないからである。すなわち，非公式集団はきわめて健全かつ正常な役割を担い，構成員間に安定感・帰属感・一体感の自発的な形成をもたらす。効果的な協働は，そのほとんどが非公式な行動規範に依拠しており，それなしにはどのような組織も支配・強制によって維持されるにすぎない。よって，非公式集団こそ人間の協働関係を促進するための最も効果的な基盤となりうるのである。こうしてレスリスバーガーは，非公式集団のもつ重要性を強調し，管理者には感情の論理で動く労働者の行動を把握できる社会的人間能力が必要となることを示唆したのである。[13]

　ここに至りレスリスバーガーは，経営組織が当面考えなければならないのは，「人間を組織の共同目的達成に向けて協力させるにはどうすればよいか」であるとし，この問題を次のように整理した。

①組織内部のコミュニケーションに関する問題：組織の経済目的に対する従業員の義務・責任の自覚，また作業方法や作業条件に関する彼らの感情表明は良好なコミュニケーションによって始めて可能となる。

②組織内部の均衡状態維持の問題：従業員がその欲求にしたがって進んで職務の遂行に協力しうるような態勢を整えるために必要である。

③個々人を集団へ適応させる問題：集団への適応に困難を感じている従業員に対して，彼らの情況への適用がより円滑にいくような手段を講ずることである。

レスリスバーガーは，これらの問題が適切に処理されるよう，社会的技能の発達と人間協働の促進のための理論化に取り組んだと約言できる。そして経営組織の人事管理に必要な条件とは，①人間的情況を診断するための技能を導入すること，②人間的情況の研究を継続して行うこと，③研究結果に準じた管理を行い，従業員の協力を得ることなどと結論したのである。[14]

4. 人間関係論の意義と問題点

人間関係論の影響は，経営管理の流れを変えただけに留まらなかった。産業社会学（職場＝社会集団を研究対象とする）といった新しい学問分野を生みだす他，社会心理学や労働科学などの発展にも寄与するところは大であった。また，人間関係論の考え方は経営実践の中にも積極的に取り入れられた。たとえば社内報の発行やモラール・サーベイ，面接・提案・苦情処理制度等々の諸施策の導入が盛んに行われていったのである。[15]

ホーソン実験を契機として誕生した人間関係論は，職場の人間関係が企業内行動を決定する最も重要な要因であるとの立場から経営管理のあり方を論じた。技術的・経済的な面で能率の論理に徹しきることにこそ経営の近代化があると考えられていた当時のアメリカ産業界に，この人間関係論は大きな衝撃を与えた。その意義は次のように集約できよう。

① 人間は社会的存在であり，非公式集団を自生的につくる存在であるとした。
② 作業能率に決定的な作用を及ぼすものはモラールであり，モラールに影響を与えるものは作業条件（賃金・労働時間など）よりも非公式集団であることを明らかにした。
③ こうした認識に基づく新たな管理の手法を開発・発展させた。[16]

しかし，人間関係論は問題点も指摘される。それは主として企業における人間的側面を過度に重視したことである。企業は本来，財・サービスの提供

という特定の目的をもつ行為体であり，その中核を担うのは公式組織である。だが人間関係論は，公式組織を直接に問題とせず，その維持・発展の手段である非公式集団を管理の中心においたということから必然的に限界をもつのである。[17]

注)
1) フォード・システムに代表される大量生産体制は労働者を機械の一部品と化し労働を単調で空虚なものにしてしまった。当時の労働者の姿は，かのチャールズ・チャップリン（Charles Chaplin）の名画，『モダン・タイムス』(1936年)にも象徴的に描かれ，社会には機械文明に批判を向ける気運が高まった。丸山恵也『現代の経営学―大量生産からフレキシブル生産へ―』産業統計研究社，1993年，28ページ
2) 三戸 公『最新経営』一橋出版，1996年，56ページ
3) 小松 章『基礎コース 経営学』新世社，2003年，71ページ
4) 藤芳誠一『図説 経済学体系10 新版 経営学』学文社，1992年，141ページ
5) 小松 章，前掲書，72ページ
6) 井上宏・丸山恵也・渡辺峻・成田幸範『企業経営総論』中央経済社，1992年，68ページ
7) 小松 章，前掲書，73ページ
8) テイラーをはじめとする初期の管理論は，労働者に対する動機づけが賃金に依存していたという点で「経済人仮説」にたつ。これに対してメイヨーは，人間は仲間たちの集団に所属したいという欲求にしたがって行動するという考え方から「社会人仮説」に立つ。正木久司『経営学講義』晃洋書房，1993年，203-204ページ
9) これは社会契約説の前提にある仮説で，3つの原則からなっている。①自然社会は孤立した個人の群れからなっている。②各人は自己保存のために打算的に行動する。③各人はその目的のためにできるかぎり論理的に思考する。この孤立的＝打算的＝論理的人間観を，メイヨーは異常時の特徴であるとし，平常時の人間は連帯的＝献身的＝感情的であることを特徴としており，こうした人間観に基づく経営管理が必要であると唱える。北野利信編『経営学説入門』有斐閣，1993年，48ページ
10) 正木久司，前掲書，203ページ
11) 井上宏・丸山恵也・渡辺峻・成田幸範，前掲書，70ページ
12) （企業内の経営組織は，）多数の個人の集まり以上のものであり，彼らは相互に関係している。この相互関係は，成文化された規則や集団の日常的慣例

のなかで承認・確立している。井上・丸山・渡辺・成田 編，前掲書，71ページ
13) 正木久司，前掲書，204-205ページ
14) 正木久司，前掲書，205-206ページ
15) 藤芳誠一，前掲書，143ページ
16) 三戸 公，前掲書，60ページ
17) 正木久司，前掲書，207ページ

▶学習の課題

1 人間関係論の歴史的意義を，テーラー・システム＝フォード・システムとの比較から考えてみよう。

2 人間関係論の考え方が，現在の経営実践のなかにどのように応用されているか，調べてみよう。

◆参考文献

レスリスバーガー著，野田一夫・川村欣也訳『経営と勤労意欲』ダイヤモンド社，1954年
阪野峯彦編『現代企業総論』税務経理協会，1996年
佐久間信夫編『現代経営学』学文社，1998年
亀川雅人・鈴木秀一『入門 経営学』新世社，1999年
佐久間信夫編『新世紀の経営学』学文社，2000年
大津 誠『経営学概論―アメリカ経営学と日本の経営―』創成社，2004年

●第6章のポイント

■行動科学は組織における人間の行動を科学的に解明し，効率的な管理に役立てることを目的として発展した経営学の一分野である。なかでもとりわけ，心理学的なアプローチによる貢献が大きい。

■行動科学の主たる主張は，人間は精神的な動物であり，物質的満足感よりも精神的な充足が得られたとき，モティベーションは高まるというものである。

◓ 基本用語

【経済人モデル】　近代経済学では，人間を合理的な主体としてとらえ，経済的合理性の原則に基づいて行動するものと規定した。また，20世紀の初頭にF.W.テイラーによって提唱された科学的管理法も，金銭的刺激を与えることで従業員を動機づける経済的動物としての人間観を前提として考案された。こうした人間観を経済人モデルという。

【職務拡大】　行動科学が発展する以前の企業組織では，仕事の効率を高めるために職務は単純化，細分化されるのが普通であった。職務拡大とは，行動科学の主張を入れて，従業員のモティベーションを高めるために個人の職務の範囲を拡大し，全体的，体系的な仕事をさせようというものである。

第6章　行動科学的理論

1. 組織論と行動科学

　組織のメカニズムを分析することは経営学の主要なテーマの一つであるが，人間の協働体系としての組織を考えた場合，これを分析するメソッドは大別して2種類ある。一つは，さまざまな経営環境のコンテキストにおいて選択された組織形態を分析対象とする手法であり，いま一つは，組織を構成するメンバーの行動自体を分析対象とする手法である。行動科学とは，後者に属する組織論の一分野である。そもそも経営学において，組織に所属する人間の問題が注目されるようになったのは，1920年代にアメリカで提唱された「人間関係論」以降のことである。「人間関係論はメイヨー，レスリスバーガーらの研究グループがウェスタン・エレクトロニック社のホーソン工場において，作業環境が生産性に及ぼす効果について実験した，いわゆるホーソン実験の結果，提唱された考え方である。そこでは職場におけるインフォーマルな人間関係が生産性に影響を及ぼす点が指摘されている。」すなわち，「経済人」モデルにみられる，人間を合理的な存在としてのみとらえる見方を否定し，非合理的な存在としての人間という新しい人間観を確立した点でこの理論の果たした役割は大きい。しかしながら，人間関係論は人間の感情的な側面のみを重視して人間行動を分析しようとしたために，多くの矛盾が生じ，幾多の批判を受けることになった。

　行動科学は，人間関係論の登場を契機に盛り上がった組織における人間行動を科学的に分析するという要請に応えるべく，1950年代にアメリカで発達した。もとより人間は複雑な生き物であり，その行動を科学的に分析するためには多くの学問分野の知識を動員する必要がある。したがって，行動科学は経営学のみならず，社会学，心理学などの知識が融合されたきわめて学際

的な性格を有し，組織論の分野に新境地を開拓した。本章では，数ある行動科学の理論の中から，アージリス，リッカート，マグレガー，ハーズバーグの諸理論について紹介することとする。

2. アージリスの未成熟・成熟モデル

アージリス（Argyris, C.）は，行動科学を確立した代表的な研究者の1人である。彼は心理学をバックグラウンドとし，人間のパーソナリティの分析を進める過程で組織との適合，不適合の問題を考え，個人と組織を統合するための概念化された新たな組織モデルを提示した。

アージリスによれば，人間のパーソナリティはエネルギー（energy），欲求（needs），能力（abilities）の3つの要素から構成されているという[1]。ここでアージリスのいうエネルギーとは生理的なエネルギーではなく，心理的エネルギーである。3つの要素間の関係についてアージリスは，次のように説明する。心理的エネルギーは個人の欲求の中に存在し，欲求が高まり心理的な緊張状態が生じると心理的エネルギーが放出され，それが行動となって現れることになる。欲求は個人のパーソナリティの中に存在し，環境における目標と関連性を有している。一方，能力は人間が欲求を表し，それを満足させるための道具である。アージリスは，能力の種類として，①認知能力，②運動能力，③知覚能力という3つのタイプの能力を考える。各タイプの能力は相互に関連し影響し合っている[2]。

このように人間のパーソナリティは各構成が相互に関連する過程において形成されるものであり，一律ではない。アージリスはこれを「自我」と名づけている。アージリスによれば，個人が成長するということは個人の中に存在するパーソナリティの構成部分が拡大することであり，拡大したパーソナリティと既存のパーソナリティが統合することで発達した自我が形成されることになるという。

さて，アージリスはこのように人間のパーソナリティの分析を進める中

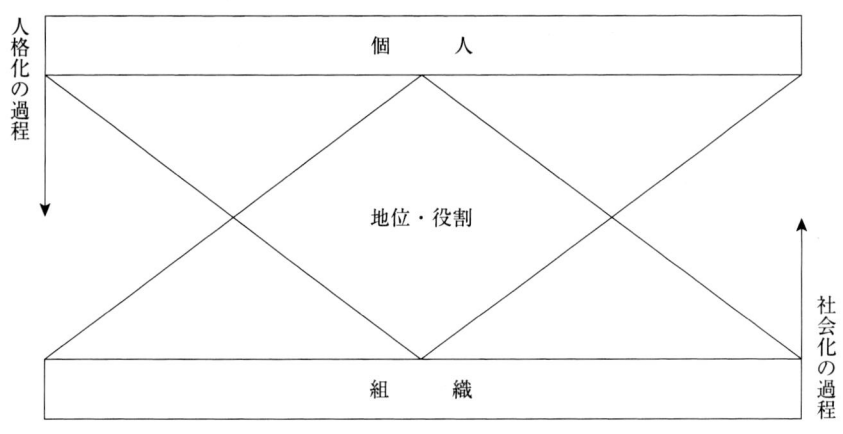

図表6-1 組織と個人の融合（統合）過程

```
人格化の過程 ←                                    → 社会化の過程

           個     人

         地位・役割

           組     織
```

出所) Argyris, C. and Bakke, F. W., *Organizational Structure and Dynamics*., Labor and Management Center, Yale University, 1954, p. 20.

で，組織との適合，不適合の問題を考える。アージリスはすでに1954年に著書『組織構造と動態』の中で，この問題について言及している。

アージリスは，個人のパーソナリティが不適合を起こす組織の典型として公式組織を取り上げる。公式組織とは，テイラー（Taylor, F.W.）が科学的管理法において提唱した管理と組織の能率を追求する合理性を有した組織である。アージリスは，公式組織の特性として次の4点を指摘する。[3]

① 課業の専門化
② 命令の連鎖
③ 命令・指揮の一元性
④ 統制の範囲

こうした公式組織の特性はアージリスによれば，健康なパーソナリティの成長を阻害する要因になるという。すなわち，彼の言葉を借りれば「健康なパーソナリティの成長と公式組織の要求するものとの間には，ある基本的な不適合性が存在する[4]」ことになるのである。そして，健康なパーソナリティ

をもつ者が公式組織の特性により不適合を引き起こした場合,葛藤,欲求不満,心理的失敗感,短期的展望を体験する。アージリスは,このような場合に個人が公式組織に順応するためにとる行動として,①組織を去る,②組織での出世を志向し,一生懸命働く,③自我を防衛する,④無気力,無関心になる,という4つの行動パターンを指摘するが,実際,多くの者がとる行動パターンは③か④である。アージリスによれば,多くの経営者は公式組織の特性が健全なパーソナリティの阻害要因になっていることを理解していない。すなわち,公式組織に順応する従業員の姿は経営者にとっては,怠け者で無気力,無関心な存在でしかないのである。そのため経営者は,より強力なリーダーシップが必要であると考えるようになる。彼はこうした経営者の誤ったリーダーシップの発揮が,組織の活力を減退させることを指摘する。

さて,個人のパーソナリティと公式組織の特性の不適合問題は,アージリスの関心を個人と組織の統合というテーマに向かわせることになる。彼は,この問題を個人のパーソナリティ特性をかえることによってではなく,公式組織の特性やリーダーシップのあり方を変えることで解決できると考えた。すなわち,職務拡大や職務再設計といった公式組織の構造改革,または権威主義的リーダーシップから参加的リーダーシップへの転換等によって個人と組織の統合が図られると主張したのである。彼は1964年に著した著書『個人と組織の統合』において組織行動を次の3つに定義している[5]。①組織目的を達成すること,②内部システムを維持すること,③外的環境に適応すること。彼はこれら3つの要素を組織の中核活動と呼び,組織の有効性とは,組織に注がれるインプットとしてのエネルギーを増加させることなく,中核活動を達成する程度によって測られると主張する[6]。アージリスはここにおいて伝統的な組織とは一線を画した,個人と組織の統合を目指す新たな組織を提示する。それは,「混合モデル」と呼ばれる組織モデルである。

アージリスはこの「混合モデル」において,伝統的な階層組織は連続線上

図表 6-2　混合モデル

組織の本質的特性から離れる	組織の本質的特性へ向かう
1．ある部分（部分の一部）が，全体を統制している	全体は，すべての部分の相互関係により生み出され，統制されている
2．多数の部分からなることが認識されている	部分の相互関係のパターンが認識されている
3．一部の部分との関連で目的達成がなされる	全体との関連で目的達成がなされる
4．内的な中核活動に影響をおよぼしえない	内的な中核活動に十分影響をおよぼしうる
5．外的な中核活動に影響をおよぼしえない	外的な中核活動に十分影響をおよぼしうる
6．現在だけが，中核活動の性質に影響をおよぼしている	現在・過去・未来が，中核活動に影響をおよぼしている

出所）Argyris, C., *Integrating the Individual and the Organization*, Willy & Sons, 1964, p. 150.（三隅二不二・黒川正流訳『新しい管理社会の探究』産業能率短大，1969年，200ページ）

の左端に近い組織特性を有し，この状態においては個人と組織の統合の度合いは低いとみる。一方，組織的特性が連続線上の右端に接近するに従って，個人と組織の統合の度合いは高まると考えるのである。したがって，アージリスは個人の健康なパーソナリティの成長を促し，組織の有効性を高めるためには混合モデルの右端で示された組織特性を有する新たな組織を開発する必要があると主張するのである。

3．リッカートのシステム4モデル

リッカート（Likert, R.）は，ミシガン大学社会調査研究所（Institute for Social Research : ISR）の創始者であり，実証研究をベースにして従業員の勤労意欲と生産性の関係，リーダーシップ研究等の分野で大きな業績を残した著名な行動科学者である。リッカートのISRでの初期の研究は，さまざまな組織体において生産性の高い組織と低い組織を比較し，どのような要因

が生産性に影響を与えているのかを実証的に解明することに精力が注がれた。その結果，生産性と組織構成メンバーの勤労意欲との間には明確な相関関係が見い出せず，管理・監督者のリーダーシップの態様により組織の生産性は影響を受けるという結果が得られたのである。リッカートによれば，高い生産性は監督のあり方によってもたらせるものであり，その結果，高いモラールも生まれることになるという[7]。ここで彼がいう高い生産性をもたらす監督のあり方とは，後述する参加的リーダーシップのことを指す。

　リッカートはISRでの初期の研究を通じて，生産性と勤労意欲の非相関関係を認識し，研究のテーマをリーダーシップのスタイルや組織における集団の役割といった問題にシフトさせていく。そして他の行動科学者と同様に，科学的管理法が想定する伝統的な階層組織とは違った，新しい管理と組織の理論の構築を志向することになる。リッカートが目指した新しい考え方は，組織構成メンバーの個人目的を満たしつつ，組織全体の目標も同時に達成しうるような効果的な人間の相互活動を生み出す新しい組織理論（モデル）を示すことにあった[8]。そして，そのような組織を生み出すベースとして集団機能の重要性を指摘するのである。彼によれば，従来型の階層組織においては個人をベースにして個人間の結びつきにより階層が形成されていたが，新しい組織では集団をベースとし集団間の結合により組織が形成される。したがって，組織に生じるさまざまな問題は組織構成メンバー個々人の問題として扱われるのではなく，集団の問題として処理されることになる。リッカートは，こうした集団をベースにしたチーム型の組織では構成メンバー間のコミュニケーションが円滑に行われ，誤った意思決定も集団の中で是正され，組織全体の目標に対する構成メンバーの協力的態度も得やすくなると主張する。図表6-3は，リッカートが主張する新しい組織モデルの概念図を示したものである。

　この組織モデルにおいて重要な役割を期待されているのが，組織階層上の結節点に位置し，階層間を結びつける役割を果たすことになる管理者であ

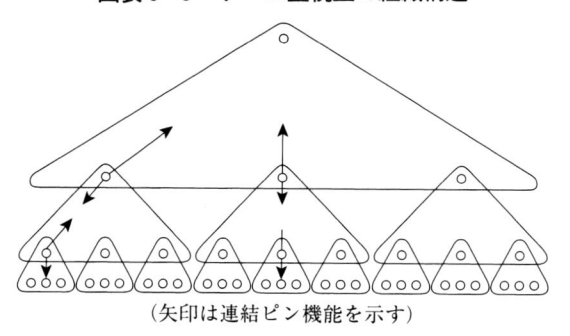

図表6-3 チーム重視型の組織構造

（矢印は連結ピン機能を示す）

出所）Likert, R., *Developing Patterns in Management*, General Management Series, No. 178, p. 8.

る。リッカートは，その役割を称して「連結ピン」(linking pin) と呼んでいる。連結ピンの役割について，リッカートは次のように述べている。「連結ピンの位置にある全ての人が，リーダーであると同時に集団の一員でもあるという両方の機能を十分に果たすとき，チーム型の組織を使用しながら組織のもつ潜在性を十分に発揮することになるであろう。このような技法は，チームあるいは集団の働きを使用しながら効果的に組織を機能させるための高い相互活動性を保つために要求されるのである。」[9]

さて，リッカートの組織論において重要な点は，彼が組織をシステム論的にとらえていたということである。すなわち，彼は経営組織を「原因」，「媒介」，「結果」という3つの変数から成り立っていると解釈した。原因変数とは，組織が達成する業績を決定する独立変数であり，具体的には組織構造，経営方針，経営戦略等がある。媒介変数は，組織内の状態もしくは健全性を示す変数であって，組織メンバーの態度や忠誠心等が該当する。結果変数は，組織が達成した業績を示す変数であり，生産性，収益といった項目がこれに当たる。リッカートは，経営組織とはこれら3変数が相互に影響しあう「相互活動─影響力の体系」であると考える。そして，これら3変数から成る組織をもっとも効果的に管理する管理方式として「システム4」という考

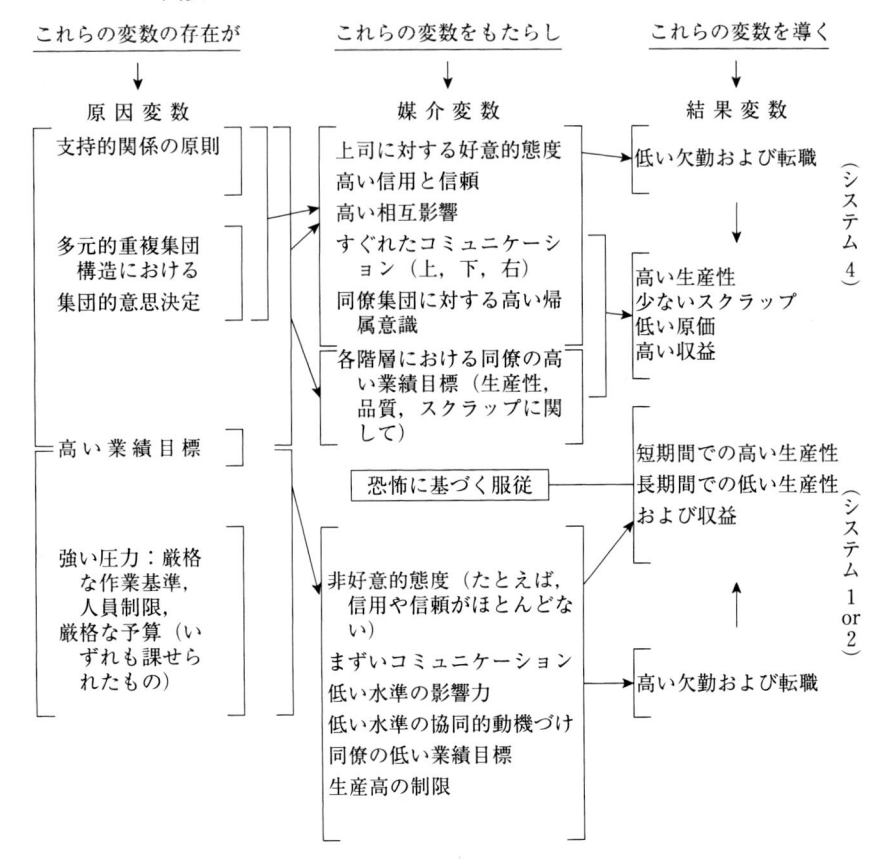

図表6-4　システム1・2とシステム4がもたらす図式

これらの変数の存在が	これらの変数をもたらし	これらの変数を導く	
↓	↓	↓	
原因変数	媒介変数	結果変数	
支持的関係の原則	上司に対する好意的態度 高い信用と信頼 高い相互影響 すぐれたコミュニケーション（上，下，右） 同僚集団に対する高い帰属意識 各階層における同僚の高い業績目標（生産性，品質，スクラップに関して）	低い欠勤および転職 ↓ 高い生産性 少ないスクラップ 低い原価 高い収益	（システム4）
多元的重複集団構造における集団的意思決定			
高い業績目標	恐怖に基づく服従	短期間での高い生産性 長期間での低い生産性および収益 ↑ 高い欠勤および転職	（システム1 or 2）
強い圧力：厳格な作業基準，人員制限，厳格な予算（いずれも課せられたもの）	非好意的態度（たとえば，信用や信頼がほとんどない） まずいコミュニケーション 低い水準の影響力 低い水準の協同的動機づけ 同僚の低い業績目標 生産高の制限		

出所）Likert, R., *The Human Organization,* McGraw-Hill, 1967, p. 137.（三隅二不二訳『組織の行動科学』ダイヤモンド社，1968年，172ページ）

え方を提示する。

　リッカートは考えられる経営管理システムの類型として，①独善的専制型，②温情的専制型，③相談型，④集団参加型，という4つの類型をあげ，それぞれをシステム1，システム2，システム3，システム4と命名している。そしてこれら4類型に，媒介変数，結果変数を当てはめて効果を測定した。取り上げられた変数は，動機づけの特性，コミュニケーションの特

性，相互作用―影響過程の特性，意思決定過程の特性，目標設定あるいは命令の特性，統制過程の特性，業績の特性，計43項目であった。リッカートは，質問紙法により態度測定し，4つの管理システムと各特性の測定値の関連を示そうとしたのである。その結果，集団参加型の管理システム，すなわち，システム4がもっとも有効であることが示されたのである。

リッカートによれば，システム4の組織モデルにおいては管理者が支持的関係の原則，集団的意思決定ないし管理における集団方法，高い業績目標の設定という3つの概念を理解し，実践する必要があるという[10]。ここで支持的関係の原則とは，組織構成メンバーが組織のあらゆる相互作用の中で人間としての尊厳を自覚し，支持されているということを実感すること，さらにはリーダーシップにより，そうした状況を最大限引き出すことを指す。リッカートは，短期的にはシステム1のような組織モデルにおいても高い業績を生み出すことは可能であるとしつつも，長期的な視野でみた場合，システム4の組織モデルがもっとも効果的であることを主張するのである。

4．マグレガーのX・Y理論

マグレガー（McGregor, D.）はX・Y理論の提唱者として，行動科学の発展に寄与した著名な人物である。彼の主張したX・Y理論は，後述するハーズバーグ（Herzberg, F.）の動機づけ―衛生理論によって実証され，モティベーション管理の分野に大きな影響を与えた。マグレガーは，1960年に『企業の人間的側面』という著書を刊行し，その中でX・Y理論の考え方を展開した。ここでは，この理論の概略を述べることとする。

X・Y理論とは，X理論，Y理論という2つの対照的な人間観を称して命名されたものである。まず，X理論の方からみてみよう。マグレガーは次のような人間観を指してX理論と名づけた[11]。

> ① 普通の人間は生まれつき仕事が嫌いで，できるなら仕事はしたくないと思っている。
> ② この仕事は嫌いだという人間の特性のために，たいていの人間は強制，命令，処罰でもって脅されない限り，組織目的の達成のために十分な努力をしない。
> ③ 普通の人間は命令されることの方が好きで，責任を回避したがり，あまり意欲的でなく，何よりも安全を望んでいる。

　マグレガーによれば，X理論にみられる人間観は経済学や伝統的な組織論が想定する人間観である。こうした人間観に立脚して管理する場合，賞罰に基づいた管理が絶対的に必要となる。いうなれば，アメとムチによる管理方式である。科学的管理法において主張された差別的出来高給制度は，まさにこうした人間観から生み出された制度であった。

　マグレガーは，X理論に基づいた賞罰による管理方式は今日みられる多くの企業で実践されているとした上で，その効果に疑問を投げかける。彼は，心理学者マズロー（Maslow, A.H.）の提唱する欲求階層説の考え方を引用しながら，X理論とそれに基づいた管理方式を批判する。すなわち，マグレガーによれば，人間とは自分の欲求を満たすために努力し，働く動物であり，その欲求は階層化されている。生理的欲求，安全欲求などの低次元の欲求がまず求められ，これが満たされると，集団からの承認や満足感を得ようとする社会的欲求が起こり，さらには自尊の欲求や自己実現欲求といったより高次元の精神的な欲求を求めるようになる。マグレガーによれば，X理論に基づいたアメとムチの管理方式が効力を発揮するのは，人間が生理的欲求，安全欲求という低次元の欲求を求めている場合のみであり，これらの欲求が満たされより高次元の欲求を求めている人間に対してはまったく無力であるという。すなわち，こうした管理方式では，自尊心を満たしてやることも，他者からの尊敬の念を獲得できるようにしてやることも，自己実現の願望を叶えてやることもできないのである。マグレガーは，アメリカのような高度に成熟した産業社会においては，すでに多くの人間は生理的欲求や安全

の欲求を充足させており，X理論により導かれたアメとムチの管理方式は効果がないばかりか，むしろ無気力，無関心，責任回避といった態度を助長しかねない。それは，誤った人間観に基づいた管理方式がもたらす弊害であり，こうした管理方式は是正されなければならない。ここで，マグレガーは新たな人間観としてのY理論を提唱するのである。

Y理論は次のような人間観に基づいている。[12)]

---

① 仕事で心身を使うのは人間の本性であって，これは遊びや休憩の場合と同様である。
② 外から統制したり，脅したりすることだけが組織目的達成に努力させる手段ではない。人間は自らが自発的に身を委ねた目標のためには，進んで働くであろう。
③ 献身的に目標達成のために尽力するかどうかは，それを達成しうる報酬次第である。
④ 普通の人間は，適当な条件の下では責任を引き受けるだけではなく，自ら進んで責任をとろうとする。
⑤ 組織の問題を解決するための比較的高度な想像力，創意，想像性を駆使する能力はたいていの人間に備わっており，一部の人間だけのものではない。
⑥ 現代の企業においては，普通の人間のもつ知的潜在能力はほんの一部しか活用されていない。

マグレガーは，Y理論の人間観を提唱することで経済学における基本的な人間観である経済人仮説を排除し，組織人としての新たな人間観を明確に提示した。マグレガーのY理論は，当時の企業経営者の間にも大きな反響を巻き起こしたが，それは経済人仮説あるいは科学的管理法が想定した人間観では説明できない現象が主として生産現場で起きていたからである。すなわち，当時の経営者は給与条件，作業環境を整えているにもかかわらず，なぜ従業員はもっと生産性を上げる努力をしないのか，なぜサボタージュを繰り返し，責任逃れの行動をとるのか，といった根本的な疑問を抱えていた。つまり，X理論的管理方式の限界を感じていたのである。マグレガーのY理論は，そうした当時の経営者に人間観のコペルニクス的転換を促し，まっ

たく新しい人間観に基づいた新たな管理方式の適用を迫るものであった。

マグレガー自身は，Y理論に基づいた新たな管理方式として従業員がもっと企業経営にコミットできる仕組みを考えている。その際に，彼がY理論的管理方式として称賛したのが，当時鉄鋼企業などを中心に普及しつつあったスキャンロン・プランと呼ばれる従業員参加制度であった。今日，多くの企業が従業員持株制度，労使協議制度等の経営参加制度を制度化しているが，これはマグレガーのY理論によるところが大である。従業員のモティベーションをいかにして高めるかというモティベーション管理において，彼の果たした理論的貢献は大きい。

5. ハーズバーグの動機づけ・衛生理論

ハーズバーグ（Herzberg, F.）もまた，他の多くの行動科学者と同様に心理学をベースにして組織における人間行動を分析している。彼は，1950年にピッツバーグ大学大学院で心理学の学位を取得しているが，研究生活をスタートさせて以来，ハーズバーグの一貫した関心事は職務態度，職務満足を心理学的に分析することであった。ハーズバーグの基本的な問題意識は，職務に対して肯定的な態度と否定的な態度とを導く要因は異なっているのではないかということであり，彼はそれを実証分析によって明らかにしようとした。その際に彼が用いた分析手法は，臨界事例法と呼ばれる手法である。この手法は，たとえば面接調査を行う場合，被面接者に対して特別に楽しかった，あるいは不快であった事例を質問し，あわせて楽しかった，あるいは不快であった感情を記述させることで事例とその影響の持続性を分析するというものである。

ハーズバーグは，ピッツバーグ市内の企業に勤務するおよそ200人の技術者，経理担当者を被験者にして，上記の分析手法を用いた調査を行った。彼は調査に当たって職務態度を規定する要因として，承認，達成，専門性，技術を高める機会，昇進，給与，対人関係，監督のあり方，責任，会社の政

策・管理,作業条件,仕事そのもの等,14の要因をリストアップした。一方,職務態度への影響要因としては,業績,労働移動,精神衛生,対人関係,態度変化を選定した[13]。図表6-5は,調査結果を示したものである。

この図は,職務態度の規定要因と影響要因を臨界事例法を用いて分析し,職務に対する満足要因と不満要因が主としていかなる要因と関連し,またそ

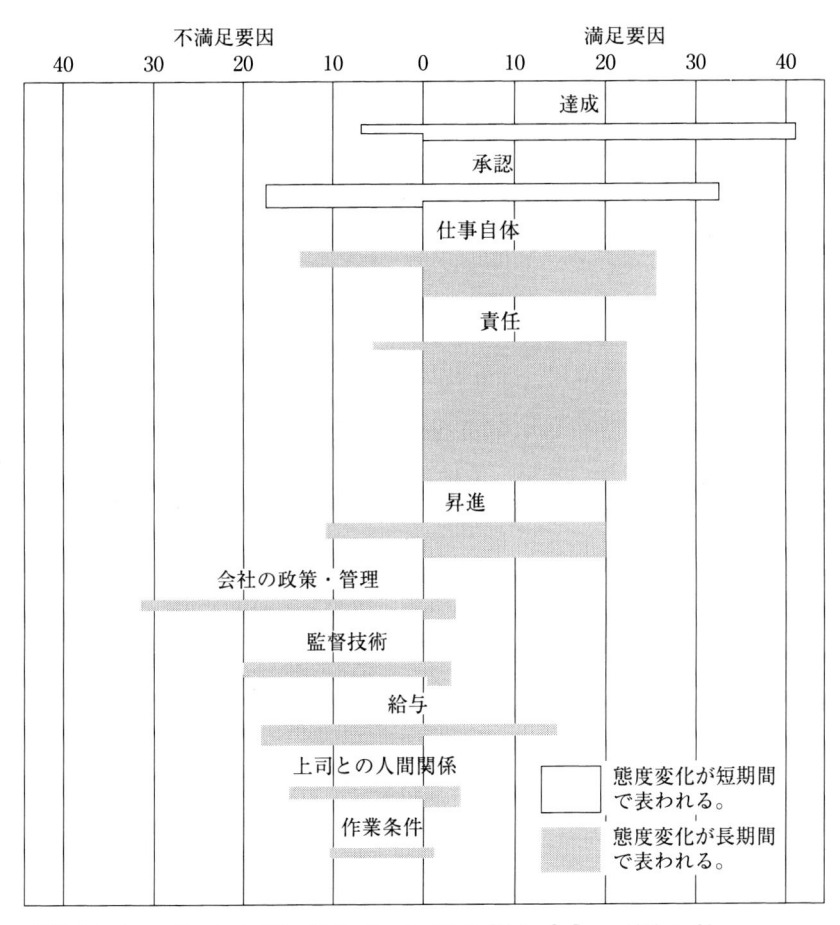

図表6-5 満足要因と不満足要因

不満足要因					満足要因			
40	30	20	10	0	10	20	30	40

達成
承認
仕事自体
責任
昇進
会社の政策・管理
監督技術
給与
上司との人間関係
作業条件

□ 態度変化が短期間で表われる。
▨ 態度変化が長期間で表われる。

出所) Herzberg, F., et al., The Motivation to Work, Willy & Sons, 1959, p. 81.

の要因の持続性が長期であるか，短期であるかを分析した結果を表している。その結果，図ではっきり示されているように職務に対する満足要因と不満要因は異なっていることが明らかになったのである。すなわち，会社の政策・管理，監督技術，給与，上司との人間関係，作業条件等の要因は職務に対する不満を起因させる要因である。一方，達成，承認，仕事自体，責任，昇進等の要因は職務に対する満足を生み出す要因となっている。不満要因と満足要因が異なるということはどのようなことを意味するのか。ハーズバーグによれば，不満要因が解消されない限り，組織メンバーの組織に対する不満は残るが，仮に不満要因が解消されたとしても組織メンバーの満足感は増大しない。なぜなら，満足要因は不満要因とは別個のものであり，満足要因を満たさない限り，組織メンバーは満足しないからである。ここでハーズバーグは，不満要因を衛生要因，満足要因を動機づけ要因と名づけるのである。したがってハーズバーグによれば，給与や対人関係，作業条件等の衛生要因をいくら改善したところで，組織メンバーの職務に対する積極的な態度を引き出すことはできない。衛生要因の充足は職務満足とは無関係だからである。しかしながら，衛生要因が充足されていない場合には，組織メンバーは組織に対して大いに不満をもち，消極的な職務態度となって現れることになるという。

　ハーズバーグは，動機づけ・衛生理論と呼ばれる2要因理論を展開するにあたって，次のように主張する。[14] 監督者が給与や対人関係の改善によって動機づけしようとするのは，本質的には衛生要因を維持しているに過ぎない。しかしながら，現実の組織は原子化，分業化が進行し，仕事はますます単純化されている。つまり，組織の中に本来の動機づけ要因が余りにも少ないが故に，衛生要因が強調されているのである。

　ハーズバーグは，1966年に『仕事と人間性』という著書を著し，その中で職務充実，職務拡大に基づく組織再設計の必要性を説いている。[15]

　ハーズバーグは，人間は基本的に2つの異なる欲求を有しているとした上

で，次のように分類する。一つは，生理的欲求に類する動物的な欲求であり，生命，飢え，安全等に関わるものである。いま一つの欲求は，自己実現欲求に類する人間的欲求であり，精神的充足，潜在願望の達成，満足感等に関わるものである。動機づけ・衛生理論では前者の欲求を衛生理論，後者の欲求を動機づけ理論に分類した。ハーズバーグは，人的資源の有効な活用のためには，後者の欲求を充足させられるような組織デザインの再構築が必要であることを主張する。すなわち，従来の組織にみられたような給与，作業条件，対人関係等の衛生要因を重視した組織ではなく，組織メンバーの継続的な精神的成長，潜在的願望の達成といった動機づけ要因を重視し，職務充実や職務拡大に基づいた組織の再設計を主張するのである。

注）
1) Argyris,C., *Personality and Organization*, Harper & Row Publishers, Inc., 1957, p. 20.（伊吹山太郎・中村実訳『新訳　組織とパーソナリティ』日本能率協会，1970年，48ページ）
2) Ibid., p. 34.（訳書，67ページ）
3) Ibid., pp. 59-66.（訳書，100-109ページ）
4) Ibid., p. 66.（訳書，109ページ）
5) Argyris, C., *Integrating the Individual and the Organization*, Willy & Sons, 1964, pp. 119-120.（三隅二不二・黒川正流訳『新しい管理社会の探究』産業能率短大，1969年，157-158ページ）
6) Ibid., p.123.（訳書，162ページ）
7) ISRでの初期の研究をまとめたものとしては，以下の文献がある。
Likert,R., *Motivation : The Core of Management*, Personnel Series, No. 155, American Management Association, 1953.
8) 角野信夫『アメリカ経営組織論』文眞堂，1998年，184ページ
9) Likert,R., *Developing Patterns in Management*, General Management Series, No. 178, American Management Association, 1955, p. 14. 角野，同上書，185ページ
10) Likert,R., *The Human Organization*, McGraw-Hill, 1967, p. 47.（三隅二不二訳『組織の行動科学』ダイヤモンド社，1968年，53ページ）
11) McGregor,D., *The Human Side of Enterprise*, McGraw-Hill, 1960, pp. 34

-35.（高橋達男訳『企業の人間的側面』産業能率短大, 1970年, 38-40ページ）
12) Ibid.,pp. 47-48.（訳書, 53-54ページ）
13) 角野, 前掲書, 165ページ
14) Herzberg,F.,B.Mausner and B.B.Snyderman, *The Motivation to Work*, Willy & Sons, 1959, p. 115.
15) Herzberg, F., *Work and the Nature of Man*, World Publishing Company, 1966.（北野利信訳『仕事と人間性』東洋経済新報社, 1968年）

▶ 学習の課題

1 仕事に対する積極的な態度, モティベーションを高めるためには, 物質的な欲求よりも精神的な欲求を充足させることが重要であるとする行動科学の考え方を経済発展の水準, 社会の成熟度との関連においてとらえなおしてみよう。

2 行動科学が経営学の発展に果たした役割について考えてみよう。

◆ 参考文献

Likert,R., *Motivation : The Core of Management*, Personnel Series, No. 155. American Management Association, 1953.（三隅二不二・黒川正流訳『新しい管理社会の探究』産業能率短大出版部, 1969年）

Argyis,C., and Bakke, F.W., *Organizational Structure and Dynamics*, Labor and Management Center, Yale University, 1954.

Likert,R., *Developing Patterns in Management*, General Management Series, No. 178, American Management Association, 1955.（角野信夫『アメリカ経営組織論』文眞堂, 1998年）

Argyris,C., *Personality and Organization*, Harper & Row Publishers, 1957.

Herzberg, F., B., Mausner, B.B. and Snyderman, *The Motivation to Work*, Willy & Sons, 1959.

McGregor, D., *The Human Side of Enterprise*, McGraw-Hill, 1960.（高橋達男訳『企業の人間的側面』産業能率短大, 1970年）

Herzberg, F., *Work and the Nature of Man*, World Publishing Company, 1966.（北野利信訳『仕事と人間性』東洋経済新報社, 1968年）

Likert, R., *The Human Organization*, McGraw-Hill, 1967.（三隅二不二訳『組織の行動科学』ダイヤモンド社, 1968年）

車戸實編『新版 経営管理の思想家たち』早稲田大学出版部, 1987年

●第 7 章のポイント
　■近代経営学をバーナードから学ぶ。
　　■「公式組織」という特有の概念を通し，組織とは何かを学ぶ。

　　🔘 基本用語
　　【公式組織】　この用語に関するバーナードのイメージを示せば，それは磁石の「電磁場」のようなもの，であった。
　　【協働システム】　この用語の解説をすれば，それは単体としての企業ではなく，ステイクホールダまで含めた協働のシステムであった。

第7章 バーナード理論

バーナード (Barnard, C.I., 1886-1961) が後世に残る著書 *The Function of the Executive* (1938) を書いたのは，世界大恐慌 (1929-1933) 後の不安定な時代だった。彼は目前の社会的不安定状況を乗り切っていくために強調すべき点として，人々による協働，をあげた。企業のような社会的なシステムは，人々による協働そのものであり，機械的に組み立てられるものではないことを主張した。この視点をもってすれば社会的システムの不安定性を理解する先にこれを克服する処方箋が見い出せる，と考えたのである。こうした理解こそが彼に始まる近代学派の特徴である。

バーナードは，人々による協働を，協働を選択する個人，選択された結果としての協働，協働の実体としての公式組織，協働の実体を維持するための有効性と能率問題，協働の実体を構成する意思決定と権威の問題，構成員のモラールを維持するリーダーの役割，などを通して，リアルな現実の現象として説明している（大平，2003）。

1．個 人

社会科学諸科学の特徴は，人々の相互作用に関する事象を研究の対象としている。こうした社会科学に属する諸科学，さらに諸理論は研究対象をいかにリアルに理解するかによってその理論が現実に即したものになるか否かを決めている。社会科学諸科学，諸理論においては意識的，無意識的に特定の人間の行動，相互作用のパターンを仮定することなしに理論構築が行われることはない。

近代理論と古典理論を分ける境界もまた，この人間行動の理解によって引かれている。同じ近代理論に含まれながらも，この後に登場するサイモン (Simon, H.A.) とバーナードの間にも人間に関する認識の違いは鮮明であ

る。古典理論においては全知全能であり，刺激反応型の人間モデルが基礎となる。近代理論では，制約された合理性の意思決定主体が人間モデルとされた。この近代理論は客観的で目的合理的な組織と，主観的で限定的に合理的な個人の統合物として目的集団をとらえている。したがって，決定論的視点と主意論的視点は何らかの統合を果たさなければならない。サイモンの場合は，組織影響力によって行動が規定される決定論の視点を強調している。バーナードの場合は，主意論の視点を強調しているのである。

(1) 心理的全体

個人は，刺激反応の行動主義的反応をするのではない。個々の相互作用によって築かれた個々独特の認知上の心理的環境（心理的全体）の中にあり，この中で，自由意思をもち，目的を志向でき，限定的ではあるが合理的選択や判断，すなわち意思決定を行っている。個人は，個人の心理的環境の中で生じる緊張（欲求・動機）を緩和する（充足する）方向で行動を形成する，という行動科学的であり主意主義的な理解がここにはある。個人の行動は，社会的な相互作用を通して形成されるさまざまで複雑な欲求の統合物であり，このことが個々独特の行動を発現する理由となろう。

(2) 非公式組織

個人は，社会的にさまざまな公式組織に属している。個人の行動は，公式組織に属することを通してさまざまで連続した非公式組織に価値的に規定されている。この非公式組織とは，人的な相互作用によって生じる集団の雰囲気のことであろう。非公式組織は，高いモラール（やる気）をもつ場合もあれば公式組織にとって障害になる場合もあり得よう。われわれは国家に属し，地方行政体に属している。一定の期間，教育機関に属し，その後多くは企業などに属することもある。家庭という組織を形成し，同時にさまざまなボランティア組織，スポーツ組織に属しているかもしれない。われわれの行

動はこのように，さまざまな，公式組織への所属関係から生じる人間の相互作用によって条件づけられているのである。

(3) 意思決定

個人の行動は，意識的である場合とそうでない場合がある。そうでない場合は，無意識的であったり，プログラムされたものであったり，反射的な行動のことを指している。意識的な場合とは，熟慮，計算，思考，判断といったものが行動に先行して行われる場合である。こうした行動に先行する行為を意思決定と呼ぶ。意思決定が生じるのは，個人が目的を意識した場合である。目的の達成を目指し，その手段を意識し，熟慮し，計算し，思考する場合，意思決定がなされているのである。現実には，われわれは絶えず意識的な行動をとることはできないし，意識的であってもその合理性には限界があり，また複雑な意思決定は回避されやすい。

バーナードにおける個人とは，社会的に創造された複雑な価値的な統合物であり，自ら意思決定しうる決定主体として取り扱われている。しかし同時に個人は認知的な制約があり，不安定でもある。こうした個人的な意思決定に対し，組織における個人の意思決定は異なり，相対的に合理性を確保しうるものである。個人はこの点に自己の制約の克服策を発見し，協働を選択するのである。バーナードは支配被支配の関係ではなく，複雑で制約的で不安定な個人から，どのようにして協働を成立させるかに関心をもっていたのである。

2. 協働と協働システム（協働体系）

個人の心理的環境の中で制約が認知された場合，彼はこれを克服する方法を工夫するだろう。彼は協働そのものを創造することもできるし，既存の協働へ参加することもできる。協働は個人の制約を克服する社会的な工夫の一つであろう。個人は自分の目的達成の手段として協働という選択肢をもちう

るのである。選択された協働は選択された時点において制約を克服するものと個人に認知されたものである。つまり，協働が選択にたるものと認知された場合，個人は協働を選択するのである。

協働の選択が意味するもっとも重要な問題は，それが個人が協働の目的に従う選択であるということである。協働の目的は個人のそれと比べ相対的に客観的で分析的で，したがって合理的であり得る。協働は，個人の主観的選択と客観的分担への貢献で成立するのである。

協働の選択は，協働への参加を果たす時点に限られるものではない。個人が制約を克服するにたると認知できなくなった場合，協働からの離脱が意識される。こうしたバランス関係をバーナードは「誘因と貢献の均衡」と呼んだ。制約の克服と協働への参加は，協働へ参加することで得られる誘因と協働目的に従って個人の貢献を提供することのバランス関係にかかわる。協働とは協働するという概念であり，実態を示す言葉としてバーナードは「協働システム」という用語を用いている。したがって正確には個人は協働システムに参加し，協働システムは，貢献を用いてよりよく結果が出せるような仕組みを用いて，貢献を確保するだけの誘因を創出し，確保された誘因を個人に分配しなければ，先のバランスは崩壊することになる。

ただしバーナードの協働システムは，個別企業を指すのではなく，たとえば株主，経営者，従業員，取引業者，そして顧客までを含んでいる。このため，協働への貢献者は，企業の場合，企業に所属するメンバーを大幅に超えた範囲に及ぶものである。したがって，誘因と貢献の関係は企業だけでなく広範な範囲に存在することになる。

3．公式組織と非公式組織

個人は，自己の限界の克服策として協働への参加を選択する。主観的な選択は，協働の参加によって客観的な協働目的への貢献にかわる。協働システムは，その目的を達成するために貢献者に役割を分担する。個人の協働シス

テムへの参加は，この個人にとって客観的な分担への貢献を提供することを意味している。協働システムは，個人の貢献を目的達成のために調整することになる。協働システムには，一方で客観的な目的を達成することを主眼とした仕組みが存在し，他方で主観的な個人が存在し，協働という行為によって両者は統合されている，と言い換えることができよう。したがって，バーナードは，貢献者の貢献が調整された全体をイメージし，これを公式組織と名付けた。先の2つの存在の統合は，この公式組織の成立と維持（調整）におきかえられた。この公式組織の定義は，「二人以上の人々の意識的に調整された活動や諸力のシステム」（Barnard, 1938. 邦訳, p. 76），である。

では，公式組織の維持は，どのようになされるのか。これは，公式組織を成立させ続けることである。次に，まず成立に関してみていこう。

(1) 公式組織の成立要件

公式組織を成立させるための要件は，相互に意思をコミュニケートできる人々がおり，それらの人々は活動を貢献しようとする意欲をもって，共通の目的の達成を目指すときに，成立するのである。したがって，公式組織が成立する必要十分条件は，①コミュニケーション，②貢献意欲，③共通目的であり，これらは一つのシステムを構成しているため，相互依存的な関係にある。では，これらを簡単にみていこう。

1）コミュニケーション

コミュニケーションは，必要な情報のやりとりであって，協働の目的遂行における個人の分担を具体的に，明確にするために特に必要となるような，連続的で継続的で双方向的な活動である。バーナードは目的と手段の連鎖を想定しながら，個々の意思決定に必要となる情報が協働システムの内部から，そして環境から提供される経路として貢献者相互のコミュニケーションの重要性をあげており，こうした活動の結果，個々に分担された業務はより適切なものとなるのである。コミュニケーションの結果，個々の業務はより

適切に，かつ調整されたものとなり，個々のバラバラの活動では得られない効果を客観的に，主観的にもたらすことになる。この意味で，3要素の中でもっとも重要なものとされている。

2）貢献意欲

貢献意欲は，忠誠心，団結心，組織力といった表現ができるものである。したがって，個人が属する集団への一体化が前提となるので，協働への参加意欲とは異なるものである。この貢献意欲の程度は，他の協働の機会に比較して特定の協働への参加を選択し，特定の協働目的を容認している貢献者であっても，さまざまである。バーナードは，多くの貢献者が実は常にマイナスの側におり積極的な者は少なく，貢献そのものをとっても断続的で変動的である，ととらえていた。したがって，貢献意欲は，第1として貢献を提供する側の動機の問題であり，第2として個々の主観的なレヴェルで貢献に見合う誘因の提供，分配に関する判断に依存することになる。

3）共通目的

個人が協働を選択するということは，協働目的を容認し，目的から分担された活動を行うために貢献の提供を選択することを意味する。個々人の貢献は協働の目的を達成するための分担を実行することである。特定の協働の目的を個人が採用し，分担された立場に立って意思決定を行う，ということである。協働に参加する個々の活動が調整されたものになるためには，個々の貢献者の貢献が，協働目的の観点から意味づけられなければならないのである。個人が協働の観点に立って活動を行うときにのみ，彼の活動は調整された貢献と呼ばれることになる。個人がこうした観点に立つことをバーナードは組織人格化するという。したがって，共通目的は，協働目的を認識する貢献者の能力に依存することになる。

⑵ **公式組織の維持要件**

公式組織の成立要件に続き維持要件をみると，それらは有効性と能率，と

いう用語によって説明される。公式組織の維持には，個人が協働に貢献しようとする意欲が継続しなければならず，この意欲は個人が参加する協働が目的を達成するだろうという個人の確信によって生じる。意欲の継続は能率の問題であり，能率は誘因の問題である。目的の達成は有効性の問題であり専門化と関連しており，誘因の提供も専門化もともに調整の活動である。

1) 有効性と専門化

バーナードが用いる有効性とは，目的の達成または達成度を意味している。したがってその内容は目的が適切であるか，手段の選択が適切であるかといった技術的な問題となろう。すべての活動は目的に向けて調整されることになるが，目的自体が外部環境に適応的でない場合，組織は存続しえない。

有効性を確保する手段としてバーナードは専門化をあげる。有効性は専門化の革新の工夫，その採用に依存している。専門化はそれを行う構成員による反復的な相互調整が必要となり，これらの構成員自体の専門化が必要となる。この相互調整は個人の努力を協働状況の諸条件に相関させることが目的である。

2) 能率と誘因

バーナードが用いる組織存続に関わる能率とは，必要な貢献を維持するにたる有効な誘因を構成員に提供する能力であるため，能率の確保と分配の過程からなっている。有効性を維持するには構成員の貢献が必要であるが，貢献を確保するには能率が必要となる。そして能率の確保のためには目的が達成されねばならない。

分配の問題は，誘因の問題である。バーナードは，誘因を次のように整理している。a) 特殊的誘因（物質的誘因，個人的非物質的機会，好ましい物的条件，理想の恩恵）と一般的誘因（社会結合上の魅力，状況の習慣的なやり方と態度への適合，広い参加の機会，心的交流の状態），b) 説得（強制的状態の創出，機会の合理化，動機の教導）である。構成員個々は異なる誘

因への反応の組み合わせをもち，絶えずそれは変化している。また組織は通常，提供するに十分な誘因をもちえず，説得を通して個々の考え方を変える必要が生じる。

　3）戦略的要因

　有効性と能率が維持されるには，相互依存的関係が調整されねばならず，さらに外的環境に対して適切でなければならない。全体状況を把握しうる感覚，ものをみる目が管理者には求められている。それは組織，組織の置かれた全体状況をどのようにみるかが重要であることを示している。環境の変化を前提にすれば，具体的目的の設定は反復的継続的コミュニケーションの過程によってもたらされるが，そこでの意思決定は目的を規定し戦略的要因を識別することである。戦略的要因とは，部分の相互依存的関係から生じる部分総和とは異なる全体において，求める方向に全体を変化させることのできる効果をもつと識別された，働きかけの対象としての部分あるいは要因である。

(3) 公式組織に及ぼす非公式組織の役割

　非公式組織は，協働の構成員の人的相互作用によって，無意識的，付加的，不可避的に構成員間に生じる心理的価値的一体感によって形成されたものである。相互作用によって形成された非公式組織に，同時に構成員は条件づけられる。非公式組織はそのありようによっては公式組織を活気づける。また，それは個人がその属性への所属を意識する限りにおいて，国家意識，社会意識，宗教意識，企業意識といわれるもののことである。さらにレヴィン流にいえば「我われ意識」を通し，アメリカ人らしさ，イギリス人らしさ，日本人らしさ，といった一定の態度や習慣を形成している。さらに，公式組織を成立させる条件を創り出しているのである。以下に役割をみていくことにする。

1）フォーマル・コミュニケーションの維持

非公式組織による一体感の下では良好なコミュニケーションが行われやすいので，そうでない場合に比べ相互のフォーマルな調整がどれだけはかどるかは想像にやすい。

2）貢献意欲の確保

非公式組織の一体感の下では，協働の目的とも一体化する。このため，貢献意欲は発現しやすい。また，個人は心理的価値的に依存的となるため，協働を維持しようとする力が働き，この結果組織の客観的な権威を受け入れやすくなる。

3）個人の人格の維持

協働目的の分担である専門化による細分化によって生じる疎外感に対して，非公式組織による一体感は個人の自律的感覚，自尊心，自主的選択力を維持し，疎外感から生じる無気力感や無力感による生産性の低下を回避する。

非公式組織は成員に一体感を形成し，同時に構成員の行動を条件づけながら，公式組織の存在を支えているのである。

4．権威の受容と無関心圏

協働は，これに参加する構成員に協働目的を分担する。この分担には，一定の指示ないし命令が伴う。こうした指示ないし命令と構成員の関係をバーナードはリアルに解き明していく。命令は受容されて初めて行動に結びつく，という理解である。これをバーナードは，権威の受容，無関心圏という用語を用い説明した。（一般には，バーナードの権威の受容に関する理論を「権限受容説」という。）

(1) 権威の受容

組織的な指示や命令は，次の条件に従って受容され実行に移される。個人

の側から，①コミュニケーションの内容が理解でき，②内容が組織目的と矛盾しないと認識され，③内容が個人の利害と矛盾しないと認識され，④個人が内容に対して精神的・肉体的に従いうると認識される場合である。このような条件を満たす場合，発令された指示や命令は構成員にその権威が認められ受容されるのである。発令に権威が維持されるかどうかは，個人の判断に依存しているのである。

(2) 無関心圏

こうした発令の条件をふまえ，管理者は，①先の条件を満たした発令がなされ，決して権威の乱用が起こらないようにすること，②個人が問題なく受け入れる命令の領域である無関心圏に関心をもち，③すでに述べた一体感，共同体意識から個々人に生じる組織の利益の観点に至るまで命令を受容しやすくすること，無関心圏をさまざまに拡張することが重要となる。実際の活動では，個々の構成員は個人の無関心圏の外にあるものに対してのみを判断の対象としているのである。

(3) 権　威

発令は，それが公的であることが重要である。上位からの命令は上位の職位に見合う情報を得ている限り，それが公的と判断される。これは，職位の権威，と表現されている。他方，個人的に優れた能力を認めることのできる構成員の言葉にも権威が認められよう。この場合は，リーダーシップの権威，と表現されている。2つの権威がそろえば遙か無関心圏外にある命令でも構成員はそれを受容することになろう。この場合，発令者と受容者の間に信頼が生じた，と言うことになろう。従って，職位にあるリーダーの行動が重要となるのである。

5. 管理者の役割

　バーナードが最終的に述べているリーダーないし管理者とは，職位にあるリーダーのことである。協働システムの永続にとって先の2つの権威は切り離せない。職位にあるリーダーの役割は，自らの確信に満ちた行動により構成員個々がするべきことに確信をもつことのできる組織文化を形成することを通して個人行動に確信を与えることであった。

(1) 確信の組織文化

　協働においては，個人は自律的で主体的であり，同時に離反的で不安定である。したがって，協働の永続は個人の行動に確信を与えるリーダーの役割が不可欠となる。

　協働に加わる構成員は，さまざまな社会的な相互作用の歴史を通して独自の価値基準（行動準則）をもっている。協働全体からすればさまざまな価値基準の持ち主が寄り集まっていることになる。組織活動はこうした価値的な対立や不整合を発生させることになる。ここで管理者に求められるのは日常業務においてさまざまに発生する価値的不整合による不安定に対し，これらを止揚しうる安定的な組織文化を形成することである。

　「創造的道徳性が問題であるときは，個人的責任感——言い換えれば誠実感ならびに廉直感——が端的に強調されるのであり，おそらくはほとんど，だれもこのような仕事を客観的に行うことはできないのである。実際，こういった仕事は，管理者として当然なすべき義務であるという確信ではなく，組織のためにすることが正しいのだと彼自ら信じる確信，すなわち個人的確信に基づかなければ，だれも引き続いて行うことができないのである。全体としての創造職能がリーダーシップの本質である。…この職能は，組織構成員に，ならびに公式組織の基底にあって最も速やかに不誠実を感得する非公式組織に，『確信』を与える同化作用である。それがなければ，すべての組

織は滅亡する。なぜならそれは組織を構成するために進んで貢献する人々への定着欲求――いかなる誘因もこれに代わりうるものではない――をおこさせる不可欠な要因だからである」(Barnard, 1938. 邦訳 p. 294)。

バーナードは，自らの確信に満ちた行動により，非公式組織にこうした態度を伝え，文化を形成することができるのだというのである。

(2) 協働の戦略要因

このように，協働におけるもっとも重要な戦略要因となるのが管理者の能力であろう。なぜならば先の組織文化の創造はきわめて困難な仕事であり，管理者自身の確信が問われるものだからである。こうした管理者行動は非公式組織に良好な組織文化を形成し続けることになる。管理者の確信を与え続ける安定的な行動が，不安定で離反的であるがゆえに確信を必要とする協働の戦略要因となる。こうした組織文化が形成されない限り組織は短命に終わることになる。

▶学習の課題

1. 近代経営学が，それ以前と違うところを学び取ろう。
2. 公式組織は短命なものから比較的長命なものまであるが，組織成立の三要素をみたす短命な公式組織の事例をイメージしてみよう。

◆参考文献

Barnard, C.I., *The Function of the Executive*, Cambridge, Mass.: Harvard University Press, 1938. (山本安次郎・田杉競・飯野春樹訳『経営者の役割』ダイヤモンド社，1968年)

Burrell, G., and Morgan, G.,*Sociological Paradigms and Organizational Analysis*, Hineman, 1979. (鎌田伸一・金井一頼・野中郁次郎訳『組織理論のパラダイム』千倉書房，1986年)

車戸實編『経営管理の思想家たち』ダイヤモンド社，1974年

大平義隆稿「バーナード組織論の再検討―組織シンボリズムの観点から―」『北海学園大学経営論集』第1巻第2号，2003年

Perrow, C., *Complex Organization : A Critical Essay*, Illinois : Scott Foresman and Company, 1972. (佐藤慶幸監訳『現代組織論批判』早稲田大学出版部, 1978年)

Scott, W.R., Symbols and Organizations: From Barnard to the Institutionalists, in Oliver E. Williamson (eds.), *Organization theory : from Chester Barnard to the present and beyond*, New York : Oxford University Press, 1990. (飯野春樹監訳『現代組織論とバーナード』文眞堂, 1997年)

Wren, D.A., *The Evolution of Management Thought*, 2nd ed.,New York : Wiley & Sons, Inc., 1979. (車戸實監訳『現代経営管理思想』マグロウヒルブック, 1982年)

●第8章のポイント
　■サイモン理論の中心にある意思決定について学ぶ。
　■組織における行動がどのように生じるかを学ぶ。

◇ 基本用語
【意思決定】　人間が何らかの具体的な行為を行おうとする場合に，これに先立って行われる選択を中心にした行為のこと。

第8章　サイモン理論

カーネギー・メロン大学（Carnegie Mellon Univ.）教授のサイモン（Simon, H.A., 1916-2001）は，バーナード理論を独自に発展させ，組織理論の基礎を築いた。彼の研究は意思決定理論に始まり，その範囲はコンピュータサイエンスから心理学，経営管理から経済学におよび，1978年にはノーベル経済学賞が授与された。本章では，意思決定の理論と，人間行動の分析を取り上げる。

1. 意思決定の理論

サイモンの顕著な功績の一つは意思決定理論を確立し，管理の過程を意思決定過程で定式化したことである。このサイモンの意思決定理論を，本節では彼の著書である『経営行動』（1965）に基づいて忠実に取り上げる。組織内の意思決定では，意思決定の意味，意思決定の合理性と限界，限界を超える試みとしての組織影響力，人間モデルとしての経営人を取り上げ，組織外では組織均衡論を取り上げる。

(1) 意思決定

1）意思決定

意思決定という用語は，前章ですでにみてきたように，バーナードによって使用されたものである。意思決定とは，意識的ならびに無意識的な人間の行為，行動を生起させる人間の内にあるメカニズムであり，判断，選択といった言葉を含むものである。すなわち，行動や行為は意思決定によって生じ，行動や行為の前段階には意思決定が存在する，ということになる。サイモンは，この人間の内にあるメカニズムである意思決定を定式化し，その上で社会システムのメカニズム，たとえば，管理過程を理解する際の道具とし

て用いている。

 2）意思決定過程

　意思決定過程とは，行為に導く，選択の過程である。サイモンは従来の管理論が「行為」にのみ注目していることを批判しながら，管理過程とは実は意思決定の過程であることを主張している。

　「管理過程は，意思決定の過程であることにまず注意すべきである。組織のメンバーの決定における一定の要素を分離し，さらに，これらの要素を選択し決定し，それを関係のあるメンバーに伝達するという正規の組織上の手続きを確立することにある」(Simon, H.A., 1965. 邦訳 p. 11)。

　サイモンが管理過程を意思決定過程として注目するのは，組織の諸目的を達成するための実際の仕事が，組織のヒエラルキーの最下層の個々人によって担われているため，管理者が上からの影響が部下に届くように工夫することで，結果に大きな影響を与えることができる，という認識に基づいている。

 3）決定前提

　意思決定過程は，前提から結論を導き出す過程であり，サイモンは，この前提を決定前提と呼んでいる。決定前提は，事実前提と価値前提によって構成されているが，これは認識されうる命題が事実的命題と倫理的命題に区別されることに対応し，組織における管理の問題と政策の問題の区分に対応されている。

　管理された組織は目的があり，組織の構成員の行動は目的志向的となっている。したがって個々の行動には，その一定の指向性のために統一性が得られる。こうした個人の行動を形成する意思決定は，目的と方法に関して先行する決定に従っている。この決定は以下の2つからなっている。

　① 価値判断：最終目標につながる目標選択に関する決定で，価値判断，倫理的・道徳的判断，良い悪いの判断であり，政策の問題に対応する。

　② 事実判断：目標の適切な実行に関わる決定で，事実判断に関わり，観

察されたもので実証可能なものが対象となる。これは管理の問題に対応する。

(2) 意思決定の合理性とその限界

通常，判断や選択という言葉を使う場合，それはより合理的な結果を導きたいという願望を含んでいることが多い。意思決定とは合理性を求めて行われているのである。ところが，一人の孤立した人間のことを想定すると，複雑な問題を前にして高いレベルの合理的行動をとることはきわめて困難となる。組織の機能は，組織の構成員が目標に対して正しい意思決定が行えるように，必要な情報を提供するような心理的環境の中に彼らを置くことにある。以下で客観的合理性，合理性の限界，心理的環境，組織の役割，をみていくことにする。

1）意思決定の客観的合理性

意思決定の主体である組織の構成員の意思決定に客観的合理性をもたせるためには，次のような条件が満たされる必要がある。

① 意思決定に先立ち，とりうる諸手段（代替的諸行動）をすべて列挙すること

② それぞれの諸手段を選択した場合に生じる諸結果の全部を考慮しうること

③ 諸手段を選択する場合の基準となる価値判断の体系をもっていて，すべての代替的行動の中から一つの行動を選択すること

しかしながら，こうした条件のうち，諸手段のすべてを列挙することと，すべての諸結果を考慮すること，この2つは明らかに不可能であるということができよう。

2）合理性の限界

では，客観的合理性と実際の行動では大きく異なることになるのだろうか，順にみていくことにしよう。意思決定の客観的合理性に限界がある理由

は，知識の不完全性，予測の困難性，行動の可能性の範囲が挙げられる。

①知識の不完全性：合理性は，各選択に続いて起こる諸結果についての，完全な知識と予測を必要とする。実際には，結果の知識は常に部分的なものに過ぎない。人間は彼の行為を取り巻く状態について，部分的な知識以上のものを決してもっていない。

②予測の困難性：諸結果の予測は将来のことであるゆえ，それらの諸結果を価値づけるに際して，想像によって経験的な感覚の不足を補わなければならない。しかし，価値は，不完全にしか予測できない。

③行動の可能性の範囲：合理性は，すべての起こりうる代替的行動の中から選択することを要求する。実際の行動では，これらすべての可能な代替的行動のうちほんの2，3の行動のみしか思い出さないのである。人間は個人がなすことの可能な行動のパターンのすべてを考えつくほどの想像力をもってはいない。

3）個人の合目的行動（心理的環境）

人間が問題に直面した場合，彼の合目的行動は人間の順応性，記憶，習慣などによって形成される心理的環境の下で行われている。

①動物の順応行動が試行錯誤であるのに対し，人間は，経験と観念的経験から推測・選択することで，またコミュニケーションによる学習過程を通して行われる。だが，合理性は人間が注目している範囲や技能などの慣習化している範囲によって限定される。

②同種の問題の解決は記憶を利用しうる。

③問題解決の有用な行動パターンは習慣によって保存される。

④一旦始まった行動は，内的に，かつ相互依存的に行動を固定する圧力を生じる。また，すでになされた投資（埋没価値），活動自体が創り出す注目と活動の持続への刺激，準備をし終えたこと（準備完了の原価）といった刺激が行動の固定傾向を強化する。

(3) 組織影響力（組織の役割）

組織は，組織影響力を通して各構成員の意思決定の前提をコントロールし，その構成員の意思決定を組織目的達成という観点から統合し，その合理性の水準を維持し組織の存続をはかる。

1) 組織の影響の仕組み

組織は従業員の行動を統合するために，次のような影響の仕組みをもっている。それらは，仕事の分割，標準的手続の確立，権限と影響の制度確立，コミュニケーション経路の提供，訓練と教育である。

① 仕事の分割：組織は，仕事をその従業員間に分割することで，具体的に仕事に注目させる。能力に限界のある従業員の注意をその特定の職務に集中させる。

② 標準的手続の確立：組織は反復的に生じる問題に標準的手続きを確立する。そうすることで，従業員はこの問題に直面するたびに，解決する方法について意思決定する必要がなくなり，また意思決定の熟練の移転が容易となり，従業員はある程度の合理性をもった意思決定ができるようになる。

③ 権限と影響の制度の確立：組織は，権限と影響の制度を作り，組織の階層を通じて意思決定を下に伝える。権限関係を確立することで，意思決定を各管理階層に伝達するとともに，各管理階層における意思決定の調整を行おうとする。公式な階層的権限は，個人の責任遂行を強調したり意思決定を専門分野に限定したり，組織単位の活動を調整する機能をもつことになるが，その他にも職能的権限による専門化の助言や，社会的な関係に基づく非公式な影響も重要である。

④ コミュニケーション経路の提供：組織は，すべての方向に向かって流れるコミュニケーションの経路を提供する。意思決定の合理性は伝達の適否に依存しているので，組織構成員が合理的な意思決定を行うためには，それに関連した知識・情報が伝達されていなければならない。したがって組織は，伝達の経路を確立し，これを通じて各意思決定者に，それぞれ必要な命

令，助言，その他の情報を提供することによって，意思決定の合理性の程度を高めようとする。伝達の経路にも，公式な経路と非公式な経路がある。

⑤訓練と教育：組織は構成員を訓練し教育することによって，彼らの心の中に，組織の観点からみて望ましいと思われる意思決定基準を注入し，いわば内面から構成員の意思決定に影響を及ぼす。

2）2つの組織影響力

組織影響力は，決定を課すこと，従業員をかえること，の2つに分けることができる。

①決定を課す：受容できる範囲内で組織で決められた決定を従業員に課すことである。これは権威と情報上限の提供の問題でもある。後者は，決定に必要な情報が得られる回路の提供であり，前者は従業員が権威を受容できる範囲を利用することである。この範囲は利用できる制裁によって決まってくる。

②従業員をかえる：組織にとって有利な決定ができるように従業員自身の態度や習慣，心的状態が作られるようにすることである。このためには，集団の成員が集団と一体化する傾向を促進すること，決定に必要な事実や思考のための準拠基準や承認された解決法など，決定に必要な諸価値を教導することである。

3）受容範囲と制裁

①受容範囲は，従業員が上司の意思決定を進んで受容する範囲のことで，上下関係はこの範囲内でのみ成立する。従業員が意思決定を受け入れる範囲は，組織が提供する誘因の性格と大きさに依存している。従業員と呼ばれる組織の参加者は，彼が雇用されている間，自分の行動の基準として組織の意思決定を喜んで受け入れることの代わりに，さまざまな物質的，非物質的な誘因の提供を受けている。彼の受容範囲は，彼が属している組織が提供できる範囲で決まることになる。

②制裁は，従業員の意思決定と関連する心理的環境において把握されて

いる。従業員の心理的環境における制裁とは，従業員の決定が特定の方向を志向することを結果している。

　従業員は，ある社会的状況で服従や役割が期待され，違反に対し非難を感じるだろう。従属的パーソナリティの者は内的に規制されているだろう。長期的に有利と信じられる権威がある場合，これに対する挑戦や撹乱を望まないだろう。与えられた職務を全うし，経済的安定や地位の確保を間違いなくもとめるだろう。最後に，従業員は意思決定の回避と決定の受容傾向（意思決定におけるグラシャムの法則）をもつだろう，ということである。

(4)　経営人

　社会科学における人間行動（意思決定）の合理性の問題を取り上げるとき，経済学者は全知全能の経済人を人間仮説として設定し，他方で社会心理学者はすべての認識を情緒に分解しようとしていた，とサイモンは理解していた。組織における人間の行動を説明するために隣接諸科学を研究領域とする行動科学の学者としての彼は，組織における人間の行動は少なくとも大部分が合理的であるように意図されているという考えを基にして経営人を仮定するのである。サイモンの理論の焦点は，こうした人間行動の合理的側面と非合理的側面の境界にある「意図され，しかも制限された合理性についての理論，即ち極大する知力を持たないために，ある程度で満足する人間の行動」(Simon, H.A., 1965. 邦訳第二版への序文 p. 21) にあった。

　この経営人 (administrative man) とは，①極大を追求するよりむしろ満足を基準に選択をおこなっており（たとえば，市場占有率，適正利潤，公正価格），②経済人が合理的判断を下せる単純な環境にあるのに比べ，経営人はより複雑な社会的相互作用の環境にある。経営人とは，このように設定された社会科学における理論構築の基礎となる人間モデルである。

(5) 組織均衡

たとえば従業員は，賃金との引き換えで時間と労力を組織に提供しており，顧客は，製品と引き替えに貨幣を組織に提供する。組織は，金銭や労力の形態で貢献を受け取り，誘因を提供する。

組織は3つの基本的集団から成立しており，組織への参加は3つの基本的な形態がある。したがって，組織は3つの報酬の形態をもっている。「個人は，組織の中での活動が自分自身の個人的目的に，直接あるいは間接に，貢献するとき，その組織のメンバーとなるのを喜んで受け入れる」（Simon, H. A., 1965. 邦訳, p. 143）のである。

① 組織の目標を達成することから直接得られる個人的報酬……顧客
② 組織によって提供され，組織規模と成長に密接な関係にある個人的誘因……企業家
③ 組織によって提供されるが②ではない個人的報酬……従業員

1）組織の目的

たとえば顧客は，組織の目的であるサービスや製品によって個人的価値が満足させられている。したがって，企業の目的がサービスにあるのか利潤にあるのか，という議論の中には，実際に議論すべき問題は含まれていない。

この組織の目的は，主に従業員が組織において一体化するときに，組織の目的に対して忠誠心が構成される。組織の目的は従業員の忠誠心の重要な構成部分でもある。

2）規模と成長の価値

組織の規模と組織の成長から生じる誘因は，企業家，専門経営者層に対応する誘因であるばかりか，威信と昇進の機会を従業員に提供するため，彼らにも誘因の価値をもつ。この誘因に価値をもつものに組織忠誠心を与える。

3）従業員の参加の誘因

組織が提供する明白な個人的誘因は賃金で，個人はこれらと引き換えに自分の時間と努力を提供する。個人は，時間と努力を，組織を指揮しているも

のに自由にさせ，彼らが適切であると思うように使わせる。

2. 行動の分析

サイモンの初期の注目すべきもう一つの組織論への貢献がここで取り扱われる。サイモンは組織を組織構造という机上の図式から，人間の行動の総体としてのリアルな実体として描き直し，組織理論の基礎を形作ったのである。本節は，本章第1節で取り上げた意思決定に関連させて，マーチ（March, J.G.）との著書である『オーガニゼーションズ』（1958）から，主に生産の意思決定を取り上げよう。

(1) 満足度と生産性の一般モデル

サイモンは，従業員の意思決定には2つの重大な側面があり，これらはまったく異なるものであることを指摘する。2つの側面とは組織に参加したり組織を離れる意思決定と，組織内で要求される生産活動を行うか，もしくは拒否するかの意思決定である。

その上で，以下のような5つの命題からなる組織内の意思決定，生産の意思決定の一般モデルを提示している（図表8-1）。

① 個人の満足度が低いほど，個人が試みる代替的プログラムの探索は多くなる。
② 探索が多いほど，報酬の期待値は高くなる。
③ 報酬の期待値が高くなるほど，満足度は高くなる。
④ 報酬の期待値が高くなるほど，有機体の希求水準は高くなる。
⑤ 希求水準が高くなるほど，満足度は低くなる。

加えてこれらは，個人が取り巻く世界を良好な環境と知覚して，探索が効果的である場合を想定している。ここで結論されているのは，高い満足度それ自体は高い生産性を正確に予測させるものではなく，また因果的に生産性を促進するものでもない。生産性へ動機づけるものは，現在，または予期さ

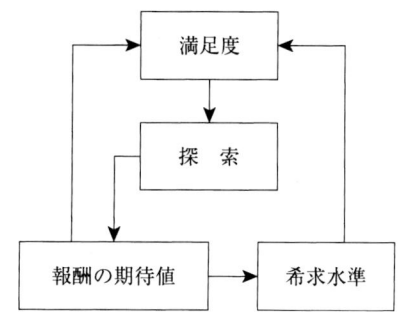

図表 8-1　動機づけられた適応行動の一般モデル

```
        ┌──────────┐
    ┌──→│  満足度   │←──┐
    │   └────┬─────┘   │
    │        ↓         │
    │   ┌──────────┐   │
    │   │  探　索   │   │
    │   └────┬─────┘   │
    │        ↓         │
┌───┴──────┐  →  ┌──────────┐
│報酬の期待値│     │ 希求水準 │
└──────────┘     └──────────┘
```

出所）Simon, H.A., 1958. 邦訳 p. 76 より作成

れる不満の状態，または個人の生産と新しい満足の状態との間の直接的な関連性の知覚，ということである。

(2) **生産への動機づけ**

　生産への動機づけを考える場合，先の一般モデルから，個人がおかれた選択状況に問題の焦点が移る。これは次のような3つの段階から構成される。どんな代替的選択肢が知覚されているか，それらをどのように評価しているか，それらの結果を予知しているか，である。生産への動機づけは，① 喚起される代替的選択肢のセットの性格と，② 喚起される代替的選択肢の知覚される諸結果と，③ 代替的選択肢が評価される基準となる個人の諸目的との関数となっている。これらを次にみていこう。

　1）喚起される代替的選択肢のセット（図表8-2）

　まず，参加者にとってもっとも重要な代替的選択肢が喚起されるきっかけの源泉としての環境がある。組織を離脱するという代替的選択肢を喚起する要因は，外部の代替的選択肢の客観的な利用可能性であり，これが大であればあるほど喚起されやすい。

　これに加えて，4種類の補助的な働きをするきっかけがある。公式のヒエ

ラルキー，仕事それ自体，報酬に関する公式の規定，組織の中の協力者，がそれである。

① 公式のヒエラルキー：意思決定への参加感が大きいほど，組織の中の権力の格差の可視性はより小さくなるということと，その可視性が小さくなることが，組織的に承認されていない代替的選択肢の喚起作用を少なくさせる。同時に，感得された参加の量が大きいほど，代替的選択肢の喚起作用に対する組織のコントロールはより大きくなり，組織にとって望ましくない代替的選択肢の喚起はより少なくなる。

② 仕事それ自体：「監督者の厳格性の効果は，課業の複雑性の如何に依存していることになる。遂行されるべき課業が，それを行う個人の能力に比較して単純であるならば，監督者の指示がより特定的であればあるほど，組織にとって不適切である有害な行為の代替的選択肢が喚起されることはより多くなり，課業が個人の能力に比較して高度に複雑であるところでは，監督が

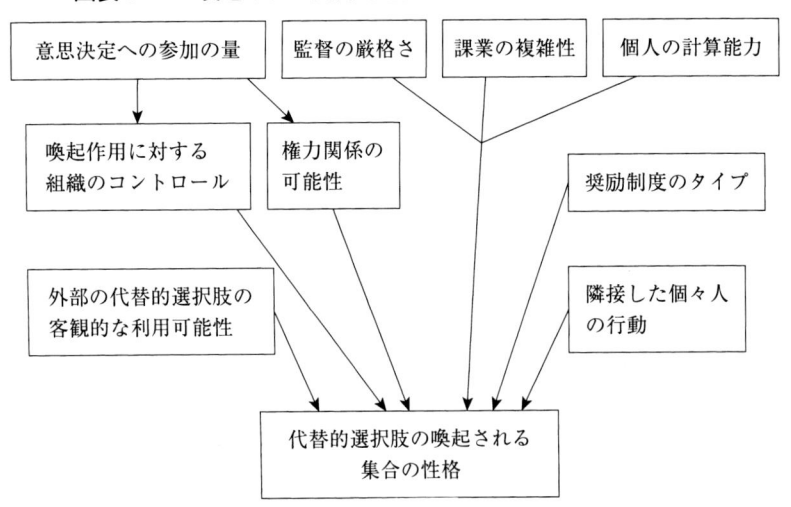

図表8-2　喚起される代替的選択肢のセットに作用する諸要因

出所）Simon, H.A.,1958. 邦訳 p. 89より作成

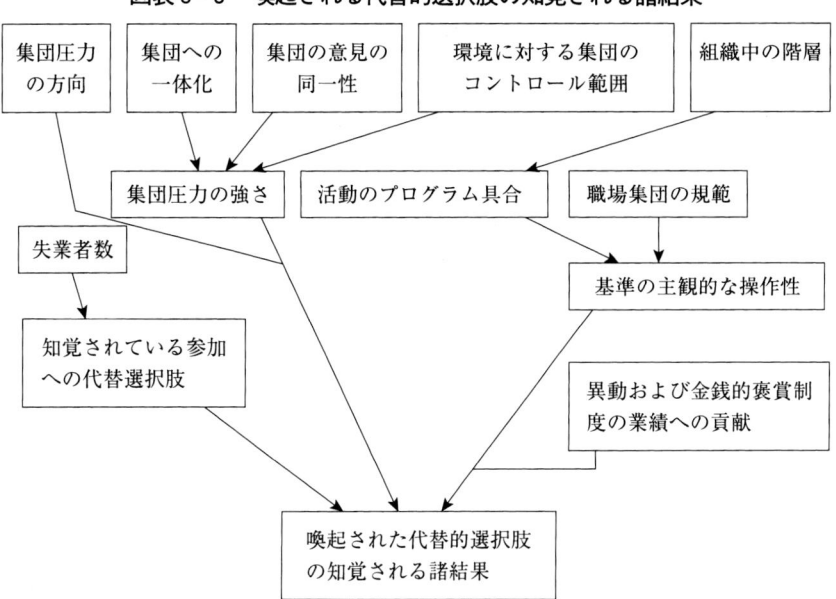

図表8-3 喚起される代替的選択肢の知覚される諸結果

```
集団圧力    集団への    集団の意見の   環境に対する集団の   組織中の階層
の方向      一体化      同一性        コントロール範囲
   ↓         ↓           ↓              ↓                  ↓
      集団圧力の強さ    活動のプログラム具合    職場集団の規範
                                                   ↓
失業者数                                   基準の主観的な操作性
   ↓                                      
知覚されている参加                         異動および金銭的褒賞制
への代替選択肢                             度の業績への貢献
                    ↓   ↓   ↓   ↓
                  喚起された代替的選択肢
                  の知覚される諸結果
```

出所) Simon, H.A.,1958. 邦訳 p. 99より作成

より特定的であればあるほど，そのような代替的選択肢が喚起されることはより少なくなる」(Simon, H.A., 1965. 邦訳，p. 85)。

③ 報酬に関する公式の規定：「代替的選択肢の喚起された集合の中に革新が含まれている確率は，用いられている奨励制度のタイプの関数である」(Simon, H.A., 1965. 邦訳，p. 86)。

④ 組織の協力者：個人の中で喚起された生産率についての基準は，同じ課業をしている隣接した個人の行動に反映する傾向がある。

2）喚起される代替的選択肢の知覚される諸結果（図表8-3）

① 環境：外部環境の中で利用しうると知覚されている参加に代替する選択肢の数が多ければ多いほど，組織の要求に一致する諸行為の結果は，より重要ではなくなる。

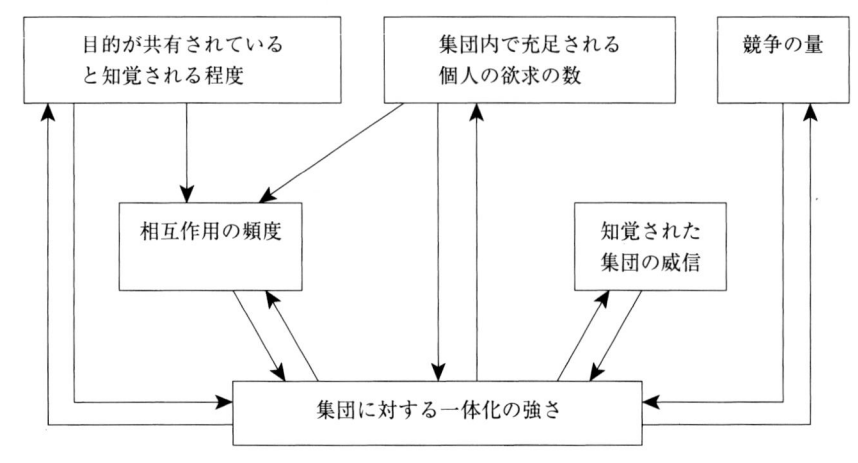

図表 8-4 代替的選択肢が評価される基準となる個人の諸目的

```
┌─────────────────┐   ┌─────────────────┐   ┌─────────────┐
│ 目的が共有されている │   │ 集団内で充足される │   │  競争の量   │
│ と知覚される程度   │   │ 個人の欲求の数   │   │             │
└─────────────────┘   └─────────────────┘   └─────────────┘
         ↑                    ↓   ↓                ↓
         │        ┌─────────────┐   ┌─────────────┐
         │        │ 相互作用の頻度 │   │  知覚された  │
         │        │             │   │  集団の威信  │
         │        └─────────────┘   └─────────────┘
         │                ↑   ↓       ↑   ↓
         │        ┌──────────────────────────┐
         └────────│   集団に対する一体化の強さ    │←──────
                  └──────────────────────────┘
```

出所）Simon, H.A., 1958. 邦訳, p. 102より作成

② 集団の圧力：「代替的選択肢の知覚された結果は，部分的には，下位集団と組織外の集団とから生じる集団圧力の強さと集団圧力の方向の関数である」(Simon, H.A., 1965. 邦訳, p. 92)。集団圧力の強さに関連する諸要因は次の3点である。第1は，一体化のメカニズムである。集団に対する一体化が強ければ強いほど，集団圧力の強さはより大きくなる。第2に，積極的な一体化がないところでも，集団圧力の強さは集団の意見の同一性が増すにつれて増大する。第3に，集団圧力の強さは，環境に対する集団のコントロールの範囲が拡大するにつれて増大する。

③ 組織内の褒賞：組織内での異動と業績との関係が大きいほど，生産性増大の知覚された結果はより有利なものになる。昇進の決定に使われる基準の主観的な操作性が大きいほど，行為の知覚された結果に対する昇進制度の作用はより大きくなる。金銭的な褒賞と業績の関係が大きいほど，生産性を増大させる意思決定からより好ましい結果が得られると知覚される。業績基準の主観的な操作性が大きいほど，金銭的な褒賞制度が行為の知覚された結

果に及ぼす作用はより大きくなる。

　④ 基準の操作性：奨励制度は大きな集団より小さな集団においてより有効であると予測されている。活動がプログラム化される程度が高いほど，業績の基準は主観的に見て操作性がより高くなりやすい。また，組織の中の階層が高いほど，活動のプログラム化はより少なくなる。

　3）代替的選択肢が評価される基準となる個人の諸目的（図表8-4）

　集団への一体化が強いほど，彼が知覚した集団の規範と彼の諸目的は合致する傾向が強くなる。すなわち，

① 知覚された集団の威信が高ければ高いほど，個人がその集団に一体化する傾向はより強くなり，その逆の関係も成り立つ。
② 集団のメンバーの間で，目的が共有されていると知覚されている程度が高ければ高いほど，個人がその集団に一体化する傾向はより強くなり，またその逆の関係も成り立つ。
③ 個人と他の集団メンバーとの間での相互作用の頻度が大であれば大であるほど，個人がその集団に一体化する傾向がより強くなり，またその逆の関係も成り立つ。
④ 集団の中で充足される個人の欲求の数が多ければ多いほど，個人がその集団に一体化する傾向がより強くなり，またその逆の関係も成り立つ。
⑤ 個人と他の集団メンバーとの間での競争の量が少なければ少ないほど，個人がその集団に一体化する傾向がより強くなり，また逆の関係も成り立つ。

▶ 学習の課題

1. 経営人を，経済人と比較して把握しよう。
2. 満足度と生産性の一般モデルを，自分の経験に照らし，把握しなおそう。

◆参考文献

Barnard, C.I., *The Function of the Executive*, Cambridge, Mass.: Harvard University Press, 1938.（山本安次郎・田杉競・飯野春樹訳『経営者の役割』ダイヤモンド社, 1968年）

車戸實編『経営管理の思想家たち』ダイヤモンド社, 1974年

March, J.G. and Simon, H.A., *Organizations*, New York: Harper & Sons, Inc., 1958.（土屋守章訳『オーガニゼーションズ』ダイヤモンド社, 1970年）

Perrow, C., *Complex Organization : A Critical Essay*, Illinois: Scott Foresman and Company, 1972.（佐藤慶幸監訳『現代組織論批判』早稲田大学出版部, 1978年）

Scott, W.G., Mitchell, T.R. and P.H. Birnbaum, *Organization Theory : A structural and Behavioral Analysis*, 4th ed., Homewood, Ill.: R.D. Irwin, 1981.（鈴木幸毅監訳『組織理論―構造・行動分析―』八千代出版, 1985年）

Simon, H.A., *Administrative Behavior : A Study of Decision Making Process in Admonistrative Organization*, New York: The Macmillan Company, 1948.（松田武彦・高柳暁・二村敏子訳『経営行動』ダイヤモンド社, 1965年）

Wren, D.A., *The Evolution of Management Thought*, 2nd ed., New York: Wiley & Sons, Inc., 1979.（車戸實監訳『現代経営管理思想』マグロウヒルブック, 1982年）

●第9章のポイント

■1950年代後半にアメリカで出現した企業行動理論は，伝統的な経済学の企業理論と近代組織論の結合を試みた理論として評価されている。その具体的内容について理解する。

■経営学研究に大きく貢献したサイモンの理論とサイアート＝マーチの理論の比較，サイアート＝マーチ・モデルの限界について理解する。

◻ 基本用語

【経営人モデル】　能力上の最適化を目指す経済人モデルとは異なり，満足的意思決定を現実的なものとして受け入れることを前提にする人間モデル。

【組織的意思決定】　意思決定のプロセスを組織的に行うことを前提とした理論。従来の理論で前提にしていた個人の意思決定行動，ワン・パターンの意思決定プロセス，組織学習の欠如，組織統制の欠如などの問題の克服を目指した理論。

第9章　企業行動理論

1. 企業行動理論の意義

　企業行動理論（behavioral theory of the firm）は，伝統的経済学の企業理論と，バーナード（Barnard, C. I.）とサイモン（Simon, H.A.）を源流とする現代組織論との結合を試みた新たな理論として，1950年代後半にアメリカで出現した。

　企業行動理論は，当時，両理論が抱え込んでいた矛盾の克服に挑戦した理論としての意味も大きい。伝統的経済学の企業理論では，企業は利益極大化のみを追求する存在として「経済人（economic man）[1)]」モデルを想定し，しかも企業内の意思決定を行うプロセスにおいて，必要なすべての情報を知っているという全知な人間観を前提とした。さらに，現代組織論が，営利組織と非営利組織に共通する組織一般論として理論の解明には貢献したものの，企業の意思決定プロセスを明らかにするのに役立つような，より実践的理論を解明するには限界があった。企業行動理論は，上述した両理論の限界を克服する新たなアプローチとして，企業固有の経済的意思決定問題（生産，販売，投資，製品開発など）に現代組織論の意思決定論的アプローチと行動科学的アプローチを適用した。

　現代組織論と行動科学的原理は，次のような共通点がある。

　第1に，「企業は探求水準に基づいて目標水準を設定し，目標水準と実績との間のギャップが発生した時，問題を発見し，その問題を解決すると，それを選択し，満足な代替案を発見すると，それを選択し，それ以上の代替案の探求を行わない」という問題志向的探求がある。

　第2に，「最適化原理と対比するもので，企業が設定した目標水準を満たして満足する」という「満足化原理」がある。

第3に,「探求を繰り返しても,満足な代替案を発見できない場合,探求ルールや選択ルールを修正し,ついには目標を改訂して環境に適応する」ことを意味する「学習による適応」である。そして最後に,「不確実性の原理」があるが,「企業は不確実性を回避するために,情報の短期的フィードバックを利用し,また環境の安定化のために業務提携やカルテルを結び,内部の不確実性を回避するために予算制度を利用する」としている[2]。

　企業の意思決定プロセスに行動科学的アプローチの立場から挑戦し,その理論の体系化に多大に貢献した代表的な人物がサイアートとマーチ(Cyert, R.M. and March, J.G.)の2人である。この2人はバーナードとサイモンの組織一般理論を継承しながら,企業の行動科学的意思決定論を体系化することに成功した。企業行動理論は,サイアート=マーチが発表した1955年,1956年,1959年,そして1963年の成果によって生成・体系化されたといえよう[3]。これについて吉原(1969)は,1955年と1956年の論文を企業の行動理論の前史としてとらえ,企業の行動理論の中核的な方法論的概念のうち,いくつかが提示されているだけにとどまり,本格的な理論体系の創出までには至っていなかったという。つづく1959年の報告された論文には,行動科学的意思決定とコンピュータ・シミュレーションという特徴を有するアプローチが採用され,企業行動理論の生成に大きく貢献した業績としてとらえているとしている。そして,1963年に集大成された『企業の行動理論』では,企業行動理論の体系的な展開がなされ,現代組織論から企業行動科学への転換に導く大きな成果を残したのである。

　サイアート=マーチの理論以外に,企業行動科学に基づく研究には,クラークソン(Clarkson, G.P.E.)の証券投資モデル,ライト(Wright, R.W.)の投資決定の行動科学的モデル,アンゾフ(Ansoff, H.I.)の戦略的意思決定モデル,ハース(Hass, R.M.)の新製品開発モデルなどがある。

2. サイアート=マーチの企業行動モデル

　上述したように，企業行動モデルは，あらゆる組織を研究対象としたのではなく，現代社会において大きな影響を及ぼしている企業の組織的意思決定に注目した。その理論体系の解明に貢献したサイアート=マーチの理論は以下のような3つの顕著な特徴を有している[4]。

　第1に，記述的研究（descriptive research）がある。これは「現にある姿」の知識を提示することを意味するが，「あるべき姿」とそれを実現する方法を明確にする規範的研究とに区別される。具体的に，前者はサイアート=マーチ・モデルやボニーニ（Bonini, C.P.）・モデルなどがあり，後者は，アンゾフの戦略的意思決定モデルに代表される。

　第2に，行動科学的アプローチがある。これはあらゆる組織内の人間行動に関する発展理論として，現実の現象に対する科学的説明と予見を基礎とする科学的探究（scientific research）を強調すると同時に，「論理実証主義」の観点から，検証可能な仮説の立案→その仮説の実験やコンピュータ・シミュレーションなどの方法を利用した検証→理論化というプロセスを経るのが特徴である。このアプローチは，自然科学や社会科学などを問わず，あらゆる科学分野に共通する方法として利用されているが，企業研究においては組織におけるモティベーション，リーダーシップ，意思決定，個人・集団・組織間の相互作用などを研究の主な対象としている。

　第3に，分析の手法としてコンピュータ・シミュレーション手法を開発した点がある。彼らは具体的に大型デパートにおける価格と生産量の決定モデル，アメリカの製缶産業における2つの企業の生産決定モデル，寡占企業における生産量，販売戦略の意思決定の一般的なモデルという3つのモデルを開発した。この分析の技法は企業における意思決定の一般的な適応的モデルを基本とした。これをベースに特定の意思決定のコンピュータ・シミュレーション・モデルを構築し，それをまた操作することによって，企業組織にお

ける意思決定の行動科学的概念を検証した。

(1) 意思決定におけるサイモン・モデル

サイアート=マーチの組織における行動を解明する，新たな試みとしての理論展開にもっとも多く影響を受けた人物は，現代組織理論を代表するバーナードとサイモンであった。ここでは，サイモンの理論を中心に検討する。サイアート=マーチは，サイモンの意思決定論に基づいて，新しい企業行動理論を発展させるために実態調査やシミュレーション・モデルなどの方法を利用した。

サイアート=マーチの組織における意思決定について触れる前に，意思決定論で著名なサイモンのさまざまな主張の中で，彼らに特に影響を及ぼしたと考えられる重要な内容について若干検討する。

第1に，組織においては，目的→手段の検索→手段の評価→手段の選択→意思決定→行動という「問題解決の過程」を通して意思決定が行われることである。

第2に，「制約された合理性（bounded rationality）」の問題がある。これは当初「合理性の限界」といわれたものであった。合理的意思決定に必要な条件には，①一元的目的，②目的達成に必要なすべての代替的情報の確保，③各々の代替案の結果の完全な予測，④可能的諸結果の完全な価値付けがある。しかし，人間は情報能力や計算能力が限られているため，不完全な意思決定しかできないと指摘されている。限られた合理性しか有していない個人は，意思決定を「定型的（プログラム化できる）意思決定」と「非定型的（プログラム化できない）意思決定」に区分する必要性が生じ，特に前者の「定型的意思決定」はコンピュータ化によって個人のもつ合理性の限界を克服できるとしている。この「制約された合理性」は後にウィリアムソン（Wiilliamson, O.E.）によって継承され，個人の有する情報処理能力（理解力，分析力，暗記力等々）の限界を克服するための代替案として組織が存在

する必然性が強調された。

　第3に,「経営人モデル」ともいわれている「満足的人間行動モデル」がある。これはサイモン独自の理論ではなく,サイモンとマーチの共同で1958年に執筆した『オーガニゼーションズ』で提唱したものである。経営人は,能力上の最適化を追求する「経済人モデル」の前提とは異なり,満足的意思決定を現実的なものとして受け入れることを意味する。「制約された合理性」によって行動する個人は,彼らの期待が満足水準以下に低下したり,不満の程度が高まると,自分が満足できる選択肢を見い出すまでに探索活動を行い続けるとしている。この探索活動は次のようなプロセスで行われる。「① 意思決定を行う人間の満足度の低下,不満の発生が,新たな選択肢を見出そうとする探索活動に導く。② 探索活動の継続は,報酬の期待値を高めるであろう。③ 報酬の期待値が高くなるほど,求める満足の程度は高まるであろう。④ 報酬の期待値が高くなるほど,要求水準は高まるであろう。⑤ 要求水準が高くなるほど,要求水準の高まりとの関係で,満足の程度は低くなるであろう。」

(2) 企業の組織的意思決定の理論

　上述したように,サイアート=マーチは,それまでの組織一般理論として展開されていた行動科学的意思決定を,企業組織を対象とした新しい理論として展開しているが,その理論を支えている4つの下位要素が,組織目的 (organizational goals)・組織期待 (organizational expectations)・組織選択 (organizational choice)・組織統制 (organizational control) である。これらはサイモンの理論と差別化を図ったものとして,次のような理論的特徴を有している。

　第1に,意思決定のプロセスを組織的に行うことを前提として,組織の目標を設定する組織目標がある。すでにサイモンは個人の意思決定行動の社会心理学的接近を意図しながらも,それを個人の動機の問題に帰着することな

く，組織の構造の問題への拡張を試みた。組織の意思決定が個人の意思決定と異なる点は，前者が組織を構成している組織構成員の個々人の行動の合成から成り立っており，すでに組織内で構築されている組織構造，組織風土，組織文化等々に制約される点にある。しかし，サイアート=マーチの主張は，組織目的をすでに決まったものとして組織の意思決定過程を仮定したサイモンの理論とは異なり，組織目的が広範で多様な利害関係者との相互作用から形成されていくという動態的な分析の重要性を指摘したことにある。これを彼らは「複数の組織目的（collective goals）」と呼んだ。

　第2に，意思決定のプロセスにおいて将来起こりうる変化を想定し，一つの意思決定パターンに固執しない逐次的意思決定の重要性を強調した組織期待がある。サイモンが意思決定が目的→手段の検索→手段の評価→手段の選択→意思決定→行動というプロセスを通して行われるというワン・パターンの意思決定過程に固執したのに対し，サイアート=マーチは，意思決定のプロセスにおいて代替案の模索と評価に失敗した場合，他の代替案に移行する意思決定の実行方法を提案した点に相違点がある。

　第3に，代替的選択対象を評価して序列をつけ，その中から一つを選択するという組織選択がある。これは人間が環境への適応過程において学習することを示した「適応的人間行動のモデル」のように，組織も「制約された合理性」の下で，経営環境の変化に適応する過程を通して学習を行う，組織学習の過程を有しているという。組織学習とは，「組織ルーチンの変化」（the change of organizational routine）を意味する言葉であり，組織の行動に継続性ないし一貫性を与えるプログラムのことをいい，それらは公式化・文書化されたルール，標準業務手続，職務記述書などといった形態をとり，組織構成員との間で共有されている信念や文化などを指す場合もある（Levitt and March, 1988）。

　第4に，組織における意思決定の実行をいかに行うかという組織統制がある。これは具体的に「1）価格や生産量を決定する場合の業務規定の整備，

2）記録・報告書による確認，3）意思決定の結果を確認できる報告と伝達ルールの整備，4）予算のような経営計画の立案と執行ルールの確立」などのことである。

図表9-1は意思決定におけるサイモン理論とサイアート=マーチ・モデルを比較したものである。

次に，図表9-2が示しているように，以上の企業の意思決定に必要な基本的な4つの下位要素に影響を及ぼす関連概念には，「コンフリクトの準解決（quasi resolution of conflict)」「不確実性の回避（uncertainty avoidance)」「問題解決的模索（problematic search)」「組織学習（organizational learning)」がある。同図表が示しているように，これらの4つの主要な関連概念の説明にはフロー・チャート形式が利用され，さらにその下の段には各関連概念が明らかにされている。[12]

まず，「コンフリクトの準解決」とは，組織を取り巻いているさまざまな利害関係者が追及している各々の目標を総体的に・同時に達成することは，前述したように，所詮不可能であるため，組織の目標を一定時期，一定目標のみ追及していくという意味である。つまり，組織が発生しやすいコンフリクトを解決するために，完全な解決策を追求せず，組織は意思決定を行う際，組織の各サブシステム内の目標に分解する「局所的合理性（local rationality)」の中で行われ，その範囲内でコンフリトが部分的に解決する

図表9-1　意思決定におけるサイモン・モデルとサイアート=マーチ・モデルの相違

区分 研究者	組織目的	組織期待	組織選択
サイモン・モデル	すでに定型化されているもの	一貫した意思決定プロセス	適応的人間行動モデル
サイアート=マーチ・モデル	利害関係者との相互作用で生成	逐次的意思決定	組織学習

図表9-2　企業行動の意思決定モデル

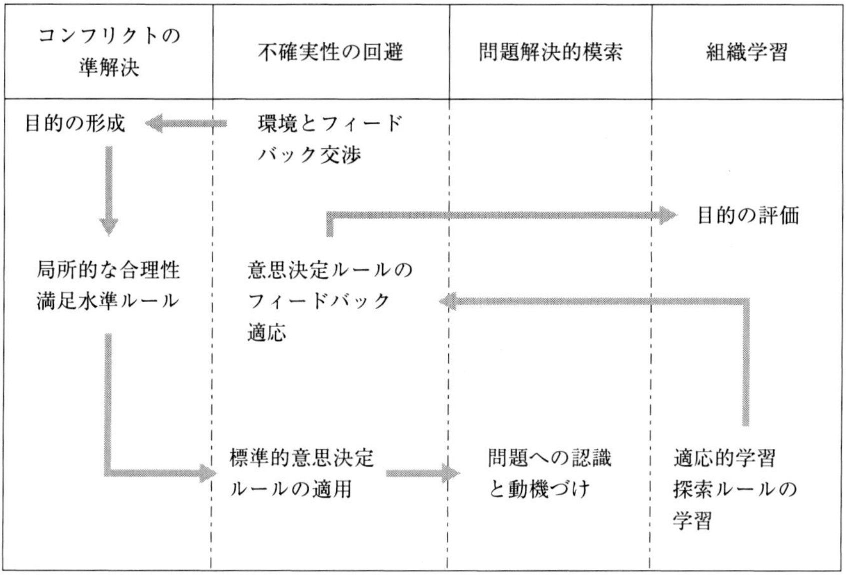

コンフリクトの準解決	不確実性の回避	問題解決的模索	組織学習
目的の形成 ←	環境とフィードバック交渉		
↓			目的の評価
局所的な合理性満足水準ルール	意思決定ルールのフィードバック適応		
↓	標準的意思決定ルールの適用 →	問題への認識と動機づけ	適応的学習探索ルールの学習

出所）Cyert, R.H. and March, J.G., *The Behavioral Theory of the Firm*, 1963.

ということである。

　第2に，「不確実性の回避」は，将来発生しうる経営環境の変化を長期的かつ的確に予測することや，その変化に機敏に対応することが困難なため，経営環境の変化に対し短期的な観点から反復的な対応を行う傾向があることを意味する。

　第3に「問題解決的模索」がある。これは第2の「不確実性の回避」と密接に関連する要素であり，問題が発見されると，その解決のために初めて探索に挑むことを意味する。この探索過程は問題解決への認識の強さに左右され，また探索の手続きは既存の標準化された単純なルールに従って行われるのが普通である。

　最後の「組織学習」は，上述したように，個人が「適応的人間行動のモデ

ル」に基づいて学習を行うように，組織も「制約された合理性」の下で経営環境の変化に適応する過程を通して学習するという意味である。

3. サイアート=マーチ・モデルの限界

われわれは，上述したように，企業行動理論においてサイアート=マーチ・モデルの意義とその具体的な内容について概観した。しかし，彼らのモデルは以下の3点の限界を有している。

第1に，企業行動の短期的適応モデルとして展開されていることである。すなわち，既存の意思決定ルールの廃棄や新たな意思決定ルールの導入などといった長期的な観点から当然考えうる意思決定過程の変化を見過ごしている点である。[13]

第2に，サイアート=マーチ・モデルは企業内部で行われている意思決定において生産量・価格・原価の決定のみを主な対象としている点である。[14] これをアンゾフ (1965) の主張した3つの階層別意思決定で考察すると，企業の中でルーチン的に行われている業務的意思決定に偏り，戦略的意思決定や管理的意思決定をも含んだ総合的なアプローチが欠けていることが指摘できる。彼らのモデルは価格や生産量といった計量的モデルで取り扱うことが可能な業務的意思決定には適合しているが，非定型的な特徴を有する戦略的意思決定や管理的意思決定にはそれが困難なためであるからに他ならない。

第3に，「組織影響力の理論」を十分に生かしていない点である。[15] ここでいう「組織影響力の理論」とは，「組織の各成員は意思決定を行うさいに組織からどのような影響をうけるか，そしてそのことによって，意思決定の統合性がどのように確保されるか，を解明する」[16] ものである。具体的には，サイアート=マーチの理論では企業内で当然考えられる専門化の方式，権限の配分，コミュニケーションのライン，組織メカニズムや様式などの要素がほとんど何の役割も果たしていない点である。さらに，これについて吉原 (1969) は，企業における意思決定をより明確にするためには，「組織影響力

の理論」だけでなく，狭義の「意思決定過程の理論」の必要性も強調している。前者だけでは組織成員によって組織的に行われている意思決定のプロセスを明らかにすることには限界があるとし，サイモンによって「合成的意思決定」と名づけられた後者の理論をも不可欠であるとしている。

注）
1) ここでいう「経済人モデル」とは，① 単純な経済的な欲求のみをもつ，② 完全な認知能力・合理性をもつという人間モデルを前提としている。したがって，① 複雑な多様な欲求をもつ，② 不完全な認知能力・合理性をもつ，③ 環境変化に対応する過程に必要な学習能力をもつという人間モデルを前提にしている管理人モデルあるいは経営人モデルとは区別される。
2) 占部都美『経営学辞典』中央経済社，1990年
3) 企業行動理論の成立に貢献したサイアート=マーチの業績は，以下のものである。
   Cyert, R. M. and March, J. G., "Organizational Structure and Pricing Behavior in an Oligopolistic Market," *American Economic Review*, Vol. 45, No.1, March. 1995.
   Cyert, R. M. and March, J. G., "Organizational Factors in the Theory of Oligopoly," *Journal of Economics*, Vol. 70, No.1, February, 1956.
   Cyert, R. M. Feigenbaum, E. A. and March, J. G., "Models in a Behavioral Theory of the Firm," *Behavioral Science*, Vol. 4, No.2, April, 1959.
   Cyert, R. M. and March, J. G., *The Behavioral Theory of the Firm*, Blackwell, 1963.
4) 占部都美編著『企業行動科学』鹿島出版会，1968年，131-134ページ
5) この本は，序論，組織における人間行動の動機的側面，認知的側面という3つの部分で構成されている。具体的な内容については，March, J. G. and Simon, H. A., *Organizations*, 1958.（土屋守章訳『オーガニゼーションズ』ダイヤモンド社，1977年）を参照。
6) 角野信夫『経営組織』新世社，2001年，92-93ページ
7) サイアート=マーチは，組織一般の理論を企業を対象にするための基本的な条件として，① 研究単位を基本的に企業にすること，② 研究目標を価格，生産量，資源配分等の決定に関する企業行動の予定にすること，③ 研究態度を企業の組織的意思決定プロセスを重視すること等々を取り上げている。これについては，Cyert, R. M. and March, J. G., *A Behavioral Theory of the Firm*, Blackwell pub., 2_{nd} ed., 1992, p. 19.（吉原秀樹『行動科学的意思決定』

白桃書房，1969年，142ページ）を参照。
8) 角野信夫『経営組織』新世社，2001年，95-97ページ
9) サイモンは，意思決定の活動が「決定を必要とする諸条件に関連した環境の探索」である「情報活動」，「可能な代替的活動コースの発明，開発，分析」である「設計活動」，利用可能な代替的活動コースの中から，特定のものを選びだすこと」を意味する「選択活動」，そして「過去の選択の評価・検討」を意味する「検討活動」からなっている一つのプロセスであるとしている。これについては，森本三男『経営学入門-三訂版』同文舘，1996年，182-183ページを参照。
10) 野中郁次郎『市場と組織』千倉書房，1995年，23ページ
11) サイアート＝マーチによれば，組織の目的を定義する古典的な方法には企業家解決法と，組織共通の目的を見つけ出す方法があるとしている。
　　前者の場合は，組織目的＝企業者目的という等式が成立することを前提している。すなわち，組織の構成要素を企業家と従業員と見なし，賃金やその他の報酬が支給されている従業員への同意を企業者が獲得することによって組織の目的を自由に決定できるとしている。後者の場合は，組織のすべての構成員によって共有する組織目的のことをいう。これは，組織目的が先験的に決まる場合と，集団の協議によって決定される場合，という2つの方法がある。これについては，占部都美編著，前掲書，79-80を参照。
12) 角野信夫『増補版　アメリカ経営組織論』文眞堂，93-97ページ
13) 占部都美編著，前掲書，132-133ページ
14) 占部都美編著，前掲書，134-135ページ
15) 吉原秀樹，前掲書，205ページ
16) 吉原秀樹，前掲書，47ページ

▶学習の課題
1. 企業行動理論の意義について近代組織論と比較しながら述べなさい。
2. 企業の組織的意思決定理論の特徴について述べなさい。

◆参考文献
占部都美編著『企業行動科学』鹿島出版会，1968年
河合忠彦『企業行動理論の方法的基礎』第一法規出版，1977年
車戸實『現代経営学』八千代出版，1973年
佐々木恒男編著『現代経営学の基本問題』文眞堂，1999年
西田耕三『企業行動科学の基礎』白桃書房，1969年
土屋守章・二村敏子編『現代経営学説の系譜』1989年
角野信夫『経営組織』新世社，2002年

角野信夫『増補版　アメリカ経営組織論』文眞堂，1998年

野中郁次郎『市場と組織』千倉書房，1995年

森本三男『経営学入門-三訂版』同文舘，1996年

吉原秀樹『行動科学的意思決定論』白桃書房，1969年

Cyert, R. M. and March, J. G., *A Behavioral Theory of the Firm*, Blackwel pub. 2$_{nd}$ ed., 1992.（松田武彦・井上恒夫訳『企業の行動理論』ダイヤモンド社，1967年）

B. Levitt, and March, J. G., "Organizational Learning," *Annual Review of Sociology*, vol. 14, 1988, pp. 319-340.

Ansoff, H. I., *Corporate Strategy*, McGrow-Hill Book, 1965.（広田寿亮訳『企業戦略論』産業能率短期大学，1969年）

March, J., "Exploration and Exploitation in Organization Learning," *Organization Science*, vol. 2 No.1, 1991, pp. 1-13.

●第10章のポイント
■行動科学的アプローチから，組織行動論への移行を考えながら，組織行動論とは何かについて学ぶことを目的とする。
■行動科学的アプローチの楽観的な人間観の前提を考える。
■人的資源管理について理解する。

◇ 基本用語
【ボルボシステム】　ボルボのカルマ工場やウッデバラ工場で行われた人間と技術システムの融合をめざしたシステム。
【人的資源管理】　行動科学的アプローチと人的資本理論を理論的基礎として形成。

第10章　組織行動論

1. 組織行動論の発展

　まず初めに，組織行動論（organizational behavior theory）の学問的領域について明らかにしておきたい。人間関係論やその発展形態としての行動科学的アプローチは，人間が感情をもつ存在であることを重視し，多面的な人間理解の出発点となった。しかし，行動科学的なアプローチでは，組織内の人間を外部環境から独立した存在として閉鎖的にとらえがちであった。行動科学的アプローチが外部環境を考慮しないというのではなく，個人を対象として，その内面に及ぼす影響や内的要因を相互関係としてとらえようとするときに，外的要因が入り込むことによって，内的な相互関係が正確に把握されなくなることが好ましくなかったからである。しかも，自己実現を目指す人間は，外的要因がいかなるものであれ，それを無視したり，時には一定の影響を認めるとしても，自主的・主体的に行動する人間でなければならない。人間関係論に続く行動科学的アプローチは，人間に対する理解を深めたけれども，環境が人間に与える影響を積極的には評価せず，その結果，環境と調和する，あるいは適応するということを考慮しようとはしなかった。

　また，行動科学的アプローチは，学際的なアプローチ（interdisciplinary approach）であるが，個々の論者の立脚した学問的な基盤に大きなウェイトが置かれてきた。行動科学的アプローチとして経営組織論に貢献したアージリス（Argyris,C.）やリッカート（Likert,R.）にしても，学際的であるというよりは，各種の心理学を土台として論を展開したといえなくもない。行動科学そのものが学問としての市民権を得ることができなかったのは，学際的であることのむずかしさ，つまりこのアプローチをとろうとする論者が，必ずしも自らの学問的な境界領域を越えて多面的な立場に立ち得なかった点にあ

る。学問が細分化・精緻化され、それゆえに多面的・総合的な観点での学際的アプローチの必要性が叫ばれたのであるが、現実的には、経営学の中では必要性ほどには成功しているとはいいがたい。

組織行動論の発展は、前述の経緯の延長線上にあり、行動科学的アプローチの影響と無縁ではない。組織行動論の展開は、行動科学的アプローチの超克から始まる。しかし、これ以降、つまり今日の組織行動論とは何かという観点になると、混迷の度が増してくる。

2. 組織行動論に対する見解

第1の見解は、組織行動をサイモン（Simon,H.A.）の意思決定過程としてとらえる見解であり[1]、組織行動は、個人行動の複合としての協働の過程とするものである。個人人格をもつ個人が、組織の中において組織人格として行動し、組織風土あるいは組織文化に制約されながら、新しい組織風土を創造していく。組織行動は、組織として達成すべき目的のもと、個人人格をある程度抑制しながらも協働システムに参加させるための魅力をもたせるものであり、組織に関わるさまざまな要因が相互に作用しあう状況としてとらえることにある。人間行動の基本は、意思決定にある。それゆえサイモンは、人間の意思決定過程を事実前提に限定しながらも解明しようとしたのである。意思決定過程や意思決定のパターンの研究によって、組織的な行動を把握しようとした試みを組織行動論とみたものである。

第2の見解は、組織行動論についての認識は第1の見解と同じであるが、組織行動論が、サイアート＝マーチ（Cyert, R.M.＝March, J.G.）などの企業行動論とともにコンティンジェンシー理論（contingency theory）として統合されたとみるものである[2]。コンティンジェンシー理論は、管理過程論などの画一的な原理・原則に対する批判であり、それぞれの状況に応じた管理のあり方、組織の形態、あるいはモチベーションやリーダーシップに際しても多面的な要因を考慮すべきということであり、クーンツ（Koontz,H.）も指摘[3]

しているように管理過程論に限らず，ごく当然のことをいっているにすぎない。多分にコンティンジェンシー理論に対する過大評価が行われている可能性がある。

　第3の見解は，今日的に一般的な見解だと思われる。行動科学的な理論（動機づけ理論やリーダーシップ論）は，1930年代に発展してきたレヴィン（Lewin,L.）のグループ・ダイナミクス（group dynamics）と融合して，人的資源管理に至る領域を網羅しているというものである。ただし，アメリカにおいては組織行動論が組織論から分離し，社会学的な方向に進み，1980年代には，組織生態学的，制度主義的な観点と結びついてより多元主義的になったという指摘もある。[4] 組織行動論という学問的範疇を確立する上では，組織行動論そのものの多様なアプローチのゆえに，混沌とした状況にあるといってもよい。

　今日的な組織行動論では，組織における人間行動を個人，集団，組織の3つの視点から分析している。[5] 個人のレベルでは，個人のパーソナリティ，より具体的には，個人そのものの成長や成熟に関するパーソナリティ，個人目的や組織目的に関わる動機づけの問題から，知覚，態度などの心理的要因と行動の分析などが含まれる。また，人間の全的特性としてのパーソナリティや自己の有用性などが検討される。組織や集団に関しては，フォーマル，インフォーマルな相互作用関係やその影響，集団内でのコンフリクト，ボディ・ランゲージなどの非言語シンボルや多様なメディアを含めたコミュニケーション，リーダーシップのあり方など，従来の行動科学的な個々の理論が集約的に統括されことになる。

　組織行動論は，文字通り組織における人間の行動を研究するものであり，複雑多様な要因や環境が人間行動にどのような影響与えるかを究明するものである。組織を一つの形成された文化として全体的にとらえ，それがどのように機能するかなどの研究を含めて，組織行動論の対象は多岐にわたる。また，こうした発展の一つの形態として，組織構成員の教育訓練や職務設計に

関わる人的資源開発アプローチ，あるいは人的資源管理論といわれるような領域が形成され，今日の組織行動論の一つの方向性を示している。

3. 行動科学的アプローチの超克

　この節ではまず，従来の行動科学的アプローチの検証を通して，その限界を検討し，組織行動論に至る過程を概括してみたい。

　人間は社会的・心理的欲求が満たされれば，組織に対して積極的に貢献し，動機づけられる存在であると考えた人間関係論的な仮説は，人間のモラールに対して楽観的で機械的にすぎる感があった。モラールや個人の満足が生産性と短絡的に結びつくという考え方は「願望」にすぎないという。モラールが高くても生産性が低い，仲良くしたい，あるいは強引な意思決定をしたくないといったユートピア的な発想は単なる願望にすぎず，現実的な人間関係の中では機能しなかった。人間関係論の限界は，人間の欲求を社会的欲求のレベルでしか考えられなかったことにある。非現実的で，実質性に乏しい人間関係論仮説を現実的なものとする中で，行動科学的研究が生まれてくる。

　行動科学の組織理論に果たしてきた役割のさまざまな理論的基礎について，以下のようなものが列挙されている。

- ・心理学の分野……精神分析理論，役割理論，認識理論など
- ・社会学の領域……官僚制度論，社会制度論，象徴的相互作用理論および役割理論
- ・人類学……規範，感情，凝集性および相互作用の理論
- ・政治科学分野……葛藤理論
- ・経済学……意思決定プロセスと選択のメカニズム
- ・歴史的観点……事例研究による重要意思決定者の役割の明確化

　個々の理論や手法についての内容はともかく，多様な領域からのアプローチであることがわかる。こうした理論や手法を土台として，さまざまなアプ

ローチが行われることになる。

　アージリスは，個人のパーソナリティ（personality）を認知能力，行動能力，感覚能力などの人間性を構成するさまざまな要素が有機的に結びついて，パーソナリティの全体が構成されると考えている。さらに，個々の環境の中で，パーソナリティがそれぞれに適応（adjusted）し，順応（adapted）して均衡が維持されている状態を統合（integration）がとれているといい，こうした状態のもとで目的を達成することにより自己実現（self actualization）が達成されるという。ちなみに，アージリスの統合の概念は，適応（パーソナリティが内面的なバランスをもつ状態）と，順応（外部環境とバランスが保たれている状態）の双方の均衡が維持されている状態を指す。自己実現に対する欲求が目的達成に向けてのエネルギーの源泉として作用するといい，また，人間は，成長しながらも外的な脅威にさらされており，その脅威から自我を守るためには，攻撃，拒否，抑圧，罪悪感など16の自我防衛反応が無意識に作用しながら，自己実現に向けて活動する人間であるとする。行動科学的アプローチでは，自己実現を目指し，自己実現を達成した人間は，優秀な人間であるという暗黙の前提がある。マグレガーやアージリスのこうした前提は何を基準として決められたことなのか。ベニス（Bennis, W.G.）は，この点を以下の①から③のように指摘する。[8]ただし，解説の部分については，ベニスの論を踏まえて，論旨を明確にするために補筆・加筆をしてある。

　① 自己実現という言葉の曖昧さ，何をもって自己実現というのかに関しては，抽象的に論じられているにすぎず，しかも自己実現者が優秀な経営リーダーであるという必然性はないという。人間関係論仮説の人間認識に対する楽観論がここでも繰り返されることになる。自己実現の具体的なイメージや基準が明確でなく，自己実現者が成功者であり，経営リーダーにふさわしく，また道徳的に優れた人であるという論理的飛躍が行われているのである。人間は生まれながらにして善であるという性善説による人間的前提で人

間をみていくことの限界がここにある。

　② 効果的なリーダーシップが組織要求と個人の欲求を満足に融合するという仮説は人間関係論と同じ轍を踏むという。人間関係論では従業員の満足度が高まれば，生産能率が高まるという前提で論が展開された。しかし，従業員が満足をしたとしても生産能率が向上するという確固たる保証があるわけではない。従業員と組織双方が，同時に最高の満足を得ることは実際にはあり得ない。こうした楽観的な前提に基づいて人間と組織のあり方が論じられている。

　③ マグレガーの成熟への努力は，人格の中にX理論・Y理論として表された人間の基本的な両面性と矛盾を認め，この基本的な矛盾の中から独創的な解決が現れるだろうという楽観論を述べているが，その可能性は少なく，むしろ悲劇的な考え方をしているとした上で，マグレガーの主要な構成要素である自己統制，協働，統合の概念について疑問を呈している。

　自己統制は，自分自身に対する内面的な標準に基づいて自己を規制することであり，外部から指導されたり指示されたりするものではない。また，賞罰によるものでもない。単調な単純作業を繰り返す工員は，自分自身をどのようにして動機づけているのか，仕事に満足を感じているのか。自己実現を達成し，自己統制ができれば，単純作業であっても，満足を感じられるというのは，あまりにも楽観的すぎるのではないだろうか。スウェーデンのVOLVO社のカルマ（Kalmar）工場で行われた，労働疎外に対する実験の意味するところを考えれば，単調な作業から労働に対する満足が得られないことは明白である。

　協働の概念についてマグレガーは，上司と部下の協働に重きをおいており，もし上司と部下が相互に満足できる目標について，お互いに同意するなら，相互依存（協働）の原則が不可欠なものとなるという。上司と部下が，組織の中で単純に援助者とか協働者として協力しあえるかということが問題になる。目標による管理の中で，上司と部下が一体となった共同作業で目標

が設定されるというが，現実的には，権限によって目標が要求され，部下はそれに従って目標を自己申告するにすぎない。権限をもつ上司と命令を受ける関係にある部下が，対等な関係で仕事をするということは，理想的な形態ではあっても，現実的には難しいことではないかと思われる。

統合は，組織内の人々が組織の繁栄のために努力するとともに，自分自身の目標も達成できるような諸条件を作り出すことをいう。わかりやすくいうと，個人が命令や義務ではなく，自発的に，何の見返りもなく組織目的に向けて努力を傾注することが，個人の成熟への努力として評価されることになる。実際の行動の中では，役割からの義務，個人的要因，圧力，外的な賞罰などから影響を受け，取引，交渉，受容といった必要性を認めることになる。つまり，統合とは，自発的な結果ではなく，何らかの動機づけによって行われているということである。統合は，単に慢性的な問題であるばかりでなく，実際的問題で，概念的にもほとんど克服しがたいものであるとして一つの例をあげている[9]。統合における実際的な側面は，人事管理的心理学と人間工学の2分野で試みられている。前者は，個人の欲求と組織の欲求の間の緊張を適材を適所に配することで緩和しようとする。一方後者は，誰もが適所とすることができるようなポストを作ることを考える。完全無欠なシステムができれば，人事管理的心理学は不要になり，適材適所が当たり前になれば，環境的・技術的変革が必要になる。この象徴的な例は，統合の問題を解決することの多様性を示しているといえる。

行動科学的アプローチは，経験的・実験的な検証作業により確認されなければならない点が数多くある。このアプローチの論者は，楽観的・抽象的な用語を用いて，すべてが解決されたかのような錯覚に陥らせている。同様のことは，マズローの欲求段階説にもみることができる[10]。人間の見方として，欲求が段階的であること，下位の欲求が満たされて初めて上位の欲求へいくこと等々，いずれも仮説である。それぞれの段階の基準となる尺度が提示されているわけでもない。検証もされていない仮説をもとに多くの理論

が，欲求段階説を基礎として論を展開している。行動科学的アプローチにもまだまだ発展の余地が残されているといえる。

4. 人的資源管理

従来の人事管理（personal management），あるいは労務管理は，労働者の雇用と管理を中心とした雇用管理（employment management）といわれた時代から，労働者の福祉をめざして，労働者自身を理解し，彼らの欲求を充足することに重点がかわってきた。人間関係論は，人間の感情を認め，フォーマル組織の中におけるインフォーマル・グループの役割を強調したが，企業や組織は慈善事業ではなく仕事の体系であり，仕事を通して組織目的を達成するという観点が欠けていた。人間関係論は，人間が思考や感情の多面性をもつ存在とする契機となった。

行動科学的な人間観は，第3節で述べたように欲求の多様性として把握されたが，自己実現仮説の実証性に乏しく，決定的な理論にはなり得なかった。そうした中で，人間を個人的存在としてだけではなく，集団としてとらえ，集団の性質や相互関係，集団内での個人対個人，個人対集団，あるいは集団対集団などの力関係を研究するレヴィンの集団力学が注目されることになった。

レヴィンはグループ・ダイナミクス（集団力学）の創始者であり，リーダーシップ論や社会心理学の発展に寄与した人である。彼は，心理学的，社会学的な場を考慮することで現象を理解するための方法論を提供した。心理学的な場とは，個人の行動に影響を与える個人的要因と環境的要因との相互作用関係をいう。また，社会的場は集団に影響を与える集団的要因や環境的要因の相互関係としての総体をいう。個人にしろ，集団にしろ，行動（その根元は意思決定であるが，レヴィンには意思決定という概念がない）は，現在の心理学的場によって規定されており，過去の心理学的場は現在の心理学的場の形成に間接的に関与するにすぎず，直接的には行動を規制しないとす

る。彼は各種の現象を説明するために「力」などを場の特性として概念を構成している。たとえば，ある人が，仕事の上で優れた専門知識をもつと周囲から認められた場合，その人は，特定分野において影響力をもつことができる。あるいは，命令に従わなければ，処罰の対象となる場合，そこには強制的な力が働くことになる。場を構成する主要概念についての考察はリーダーシップ論にも影響を与えた。レヴィンの研究は，後の組織文化論（第11章にて論述）などへと発展していく。

　人的資源管理にいたる過程で，60年代に登場したタビストック研究所 (Tavistock Institute of Human Relations) での有名な研究，社会-技術システム論 (Socio-techinical systems theory) を無視することはできない。この研究は，人間だけを対象とするのではなく，人間と技術的システムとの融合をめざした組織の開発をを目的とするものであった。また，このグループは，3Sの原則（単純化，専門化，標準化：Simplification, Specialization, Standardization) の前提となった分業の原則による単純作業ではなく，多能工化と集団による作業を通して，効率性と満足の両方の達成を可能にするような「自律的作業集団」が必要であると提唱した。労働の人間化（humanization of work）は，人間が生産システムの中で，没人的に歯車として活動するのではなく，人間としての尊厳のもとに人間らしく活動することをめざしている。社会-技術システム論は，技術的なシステムに支配されない人間の労働意欲を向上させる試みといえる。先にあげたカルマ工場だけではなくウッデバラ（Uddevalla）工場での取り組みを概略すると，①労働に対する強制的なイメージの強いベルトコンベア方式を廃止して，自走式の自動誘導運搬車が導入され，労働者の操作で移動組み立てを行った。②20人程度の作業チームが編成され，担当範囲内での計画や品質に責任をもち，チーム内で自主的に協議・決定を行って作業を実施した。いわゆる自律的作業集団を組織した。③ウッデバラ工場では，2名1組の熟練工が，昔ながらの職人的な作業で，1台の車を最初から最後まで作るという方式がとられた。④全体的

な生産計画のもと，組み立て作業に必要な部品の受け入れから品質の検査まで，各チームの責任で行われた。こうした生産方式をフォードシステムに対してボルボシステムというが，小規模生産であり，1990年代にスウェーデン経済の悪化する中で廃止された。しかし，自ら考えて動機づけをし，協議しながら作業を行っていくという方式は，今後の労働形態のあり方を考える上では有益であるが，生産性やコストなどの面での課題は残っている。

人的資源管理（human resource management）は，行動科学的アプローチと人的資本理論（human capital theory）を理論的基盤として形成されたものである。前者は，自ら問題解決能力をもつ自己実現人という労働者観を見い出し，後者は，労働者の知識や技能を向上させるような人的な投資を行うことで，企業や国の経済発展に貢献するという理論である。行動科学的なさまざまな理論を吸収しながら発展してきたが，仮説の実証性という問題を抱えながらも，動機づけ理論やリーダーシップ論などへの取り組みが行われてきた。今日的な理論については各章に委ねるが，人的資源管理の対象は，さまざまな教育訓練，能力開発，目標による管理（management by objectives：MBO），職務拡大（job enlargement），職務充実（job enrichment），コミュニケーションなどの広範に及んでいる。職務拡大は，細分化された職務を統合化して職務権限を広めることで動機づけをしようというものである。これに対して職務充実は，ハーズバーグの動機づけ・衛生理論に基づいているが，職務拡大だけでは不十分であり，責任や達成感などの動機づけ要因を組み込むことで満足を図るべきだとするものである。

最近の人的資源管理は，経営戦略とも結びつき，戦略的人的資源管理とも呼ばれるが，組織は戦略に従属するという命題からすれば，人的資源の開発も戦略性をもつのは当然のことである。

注）
1) 森本三男『経営学入門』同文舘，2000年，181-187ページ，あるいは，原沢

芳太郎「経営の組織行動と組織過程」森本三男編『経営組織』中央経済社，1985年，49-55ページ
2) 鈴木辰治編『経営学の潮流』中央経済社，2000年，53-61ページ
3) Koontz, H. and O'Donnell, H., *Management*, 6th. ed., 1976.（高宮晋監修・大坪檀訳『経営管理』マグロウヒル好学社，1979年，23ページ）
4) 幸田浩文「イギリス組織行動論の一断面」経営学史学会編『経営学研究のフロンティア』文眞堂，1998年，82ページ
5) 上田泰『組織行動研究の展開』白桃書房，2003年，12ページ
6) Bennis W. G., *Changing Organization*, 1966.（幸田一男訳『組織の変革』産業能率短期大学出版部，1968年，97-98ページ）
7) Ibid.（邦訳，259ページ）
8) Ibid.（邦訳，103-109ページ）
9) Ibid.（邦訳，264ページ）
10) Ibid.（邦訳，270ページ）

▶学習の課題

1. 組織行動論の解釈には，いくつかの方向性があることを考えよう。
2. 人間にとって，どのような組織が望ましいか，労働のあり方について検討してみよう。

◆参考文献

上田泰『組織行動研究の展開』白桃書房，2003年
工藤達男・坪井順一・奥村哲史『現代の経営組織論』学文社，1994年
幸田浩文「イギリス組織行動論の一断面」経営学史学会編『経営学研究のフロンティア』文眞堂，1998年
斎藤貞之「E・デュルケイムと現代経営学」経営学史学会編『組織・管理研究の百年』文眞堂，2001年
馬場昌雄『組織行動』白桃書房，1983年
Bennis W. G., *Changing Organization*, 1966.（幸田一男訳『組織の変革』産業能率短期大学出版部，1968年）
Lewin K., *Field theory in social science*, 1951.（猪俣佐登留訳『社会科学における場の理論』誠信書房，1956年）
Wren D. A., *The Evolution of Management thought*, 4th ed., 1994.（佐々木恒男監訳『マネジメント思想の進化』文眞堂，2003年）

●第11章のポイント
■組織文化論登場の背景を理解する。
■組織文化論の2つの主義を理解する。
■組織文化論を論じる意義について考えてみる。

◎ 基本用語
【組織文化】　組織において共有される価値や意味，シンボルの体系。
【機能】　部分（たとえば，従業員の行為，部や課などの単位組織）が全体（たとえば，企業などの複合公式組織）の維持・存続に対して果たしている働き。下にも示すが，機能主義組織文化論は，組織文化という組織の1要素（つまり部分）が組織（全体）の維持・存続に対してどれだけ働いているか，効果があるかを議論する理論である。
【解釈】　言葉や物，出来事の意味を解き明かし，理解すること。下にも示すが，シンボリック─解釈主義組織文化論は，組織のメンバーが相互行為を繰り返しながら組織にまつわるさまざまな事象の意味を解き明かし理解していくそのプロセス，および彼らが付与した意味そのものを議論する理論である。
【機能主義組織文化論】　組織の業績向上や維持存続のためのマネジメントツールとして組織文化を扱う組織文化論。組織のためにどんな文化をどのように埋め込むかが問題となる。
【シンボリック─解釈主義組織文化論】　組織の現実が人々の相互行為を通して社会的に構成されていくさまを明らかにする組織文化論。組織の現実（とりまく環境やまつわる出来事）がどのように解釈され意味付けられていくのか，そしてその意味がどのように組織メンバーに影響を与えるのかが問題となる。

第11章　組織文化論[1)]

　組織には，「共有される価値や意味およびシンボルの体系」，もう少し平易にいえば，「その組織ならではの考え方や行動の特性」があるといわれている。確かにそういわれてみると，その企業，その職場，その大学，そのサークルならではの考え方や行動の特性（ときにそれは部外者にとって理解しがたいものでもある）というものがあるかもしれない。「そういえば思い当たる節が……」という読者も少なくないであろう。経営組織論では，これを「組織文化（organizational culture）」と名づけ，1980年代以降，さまざまな角度から研究が行われている。本章では，この「組織文化」の研究，つまり「組織文化論」の流れとそれぞれの議論の問題意識および概要を検討しながら，組織文化を研究する意味について考えていくことにする。

1．組織文化論が登場する2つの背景

　1970年代後半，経営学界および実業界において，「組織において共有される価値や意味，シンボルの体系」を意味する「組織文化」という概念が登場し，そしてそれは，1980年代に入り組織の成功要因の一つとして大きな注目を浴びるようになった。それによると組織が超優良であるためには，また組織が不確実な世の中を生き抜くためには，組織の中で組織構成員たちが組織特有の価値や意味を共有すべきであるというのである。
　この組織文化という概念が登場し，注目され，「組織文化論」が今日の経営学において一つの地位を築いたのには，いくつかの理由・背景がある。ここでは，まずそのうちの2つを紹介しておくことにしよう。

(1) 社会的背景

　1973年，1978年と2度にわたって起きたオイルショックは，国際経済に多

大な影響を与えた。そのような中でいちはやく立ち直り，国際競争力を急速に増大させていったのが日本企業であった。欧米の研究者やコンサルタントたちは，この日本企業の大躍進を日本企業独特の経営（日本的経営）に因るものと考え，この頃からその特質をさまざまな角度から研究するようになった。そして，さまざまな研究，なかでもオオウチ（Ouchi,W.G.）らの研究結果から，日本的経営の特質を形成する一要因である価値観や行動様式などの中には，日本企業に限らず，高業績を続けるアメリカ企業にも共通して存在するものがあるということがわかってきた。このような経緯の中，アメリカの超優良企業（エクセレント・カンパニー）に共通する特質を探ろうというピーターズとウォーターマン（Peters, T.J. and Waterman, R.H.）の研究が組織文化論ブームの決定的な火つけ役となった。[2]

　ピーターズとウォーターマンは，まず企業経営を分析するのに重要な7つのSを提唱する。その7つとは，①機構（structure），②戦略（strategy），③ひと（staff），④経営スタイル（style），⑤体系や手順（system），⑥スキル（skill），そして，⑦組織文化ともいうべき共通の価値観（shared values）である。彼らは，その中でも機構や戦略といったハードウェア的な要素よりも，体系や手順，ひと，共通価値といったソフトウェア的要素が重要であると主張している。中でも特に共通価値つまり組織文化を非常に重要視する。

　彼らは，これら7つのSを分析の基礎におき，高業績（過去20年間の成長率や収益率から鑑みて）かつ革新的なアメリカ企業62社を面談・調査し，超優良企業に共通する8つの特質を導出した。その8つの特質とは，①行動の重視，②顧客に密着する，③自主性と企業家精神，④ひとを通じての生産性向上，⑤価値観に基づく実践，⑥機軸から離れない，⑦単純な組織・小さな本社，⑧厳しさと緩やかさの両面を同時にもつ，の8つである。この調査結果からもソフトウェア的要素の重要性は，容易に窺え知れる。特に⑤は，組織文化（彼らの7つのSでいえば共通の価値観）に直接関連し

た特質である。また，これら8つを超優良企業になるために企業が備えるべき組織文化の具体的内容ととらえることも可能である。このような，彼らの「超優良になるために組織が備えるべき特質」に関する主張を記した『エクセレント・カンパニー』は，爆発的ヒットを記録し，その後の組織文化論ブームの端緒をつくる役割をなしたのである。また，彼らの研究は，その後の組織文化研究（「強い文化」論，組織文化を組織の1変数としてとらえる仕方，組織文化をマネジメントツールと考える仕方）の方向性を決める重要な研究にもなっていたのである。

(2) **理論的背景**[3]

組織文化論登場の2つ目の背景として，経営学の理論的な背景をあげることができる。1960〜70年代にかけて，経営学では，経営組織論の一アプローチとしてコンティンジェンシー理論が隆盛をきわめていた。

コンティンジェンシー理論は，「組織はその環境と不可分な関係をもち，その組織がおかれている環境との適合関係によって，どのような組織構造が有効性をもつのかが決定される」とする組織論の一アプローチである。その多くは，定量的な調査・分析手法を駆使した「より洗練された科学的」研究であるとされる。しかし，一方でその環境決定論的特徴が，組織や経営者の能力や主体性を無視しているという批判の的となった。また，たとえ，組織または経営者の主体性を加味していたとしても，そこでの主体はきわめて合理的な選択を行うことができるということが前提とされていた。しかし，実際の組織は環境が変わってもなかなか合理的に適応することができない。実際の組織の環境への適応は，環境決定論的に決まるものではなく，また，きわめて合理的な主体によって選択されるものでもなく，経営者などの主体の何らかの信念や価値観に基づく環境認識や意思決定に因るものなのである（たとえば，マイルズとスノー（Miles, R.E. and Snow, C.C.）のネオコンティンジェンシー理論など）。このような批判，問題点から脱却し，信念や価値

に基づき環境認識し選択を行う主体を考慮しようというコンティンジェンシー理論の動きが，1980年代に組織文化論が展開される一つの流れを生んだといえよう。

また，この他にも戦略経営論（戦略計画論や分析的戦略論と呼ばれているもの）が抱えた問題「分析麻痺症候群」による合理的な分析手法への懐疑も組織文化論ブームを後押しする理論的背景となっている。

2． 機能主義組織文化論

以上のようなことがらを背景にして1970年代後半に萌芽した組織文化論は，1980年代に入って本格的に研究がなされるようになっていった。では次に，そのような背景から生まれた組織文化論そのものについて，特に1980年代にブームの中心を担った機能主義（functionalism）の組織文化論について検討していくことにしよう。本節では，まず組織文化論誕生以前から存在する近似の概念および研究（組織で共有される価値や意味の重要性を唱える所説）について整理し，その上で機能主義組織文化論の代表的研究について議論していくことにしたい。

(1) 組織文化と近似の概念・研究

組織文化という概念およびそれを研究する組織文化論は，前節で述べたようなことがらを背景とし，1980年代になって本格的に論じられていくわけだが，組織における価値や信念，意味の重要性は，何もこの頃初めて取り上げられた問題ではない。

たとえば，バーナード（Banard,C.I.）の「組織道徳」，セルズニック（Selznik,P.）の「組織性格（organizational character）」といった概念は，言葉は異なるが，内容的にはかなり近似の概念である。

とりわけ，場の理論で有名な社会心理学者のレヴィン（Lewin,K.）を発祥とし，リットビンとストリンガー（Litwin, G.H. and R.A. Stringer, Jr.）をは

じめとするさまざまな研究者によって1960年代から研究が進められている「組織風土（organizational climate）」の概念は，組織文化概念によく似た概念である。組織風土の定義は，おおむね「組織構成員がもつ組織に対する感覚や認知」といったところであり，リーダーシップや集団凝集性との関係が論じられることが多い。また，組織風土論は，共通して社会（集団）心理学をその学問的背景とし，組織風土を定量的に測定可能なものとしているのも特徴的である。まさにこの点（学問的背景と研究手法）が，組織風土論と組織文化論の間の大きな相違点であるといえる。組織文化論は，組織で共有される価値や意味の体系をより包括的に，そして個別の組織が有する価値体系の特質をより詳細に明らかにするために，心理学に加えて，文化人類学の考えや手法を積極的に導入している。

　さて，以上が組織文化論登場前の組織における価値や意味に関する議論であるが，次に機能主義組織文化論の代表的研究について検討していくことにしよう。

(2) 機能主義組織文化論の代表例① ― ディールとケネディの所論

　ディールとケネディ（Deal, T.E. and Kennedy, A.A.）は，先述したピーターズとウォーターマンと並び，組織文化論ブームの火付け役といわれる80年代組織文化論の代表的研究者である。彼らは，持続的な高業績をあげる企業の成功要因を明らかにするために，約半年間にわたり，80社近い企業の調査を行った。その結果，彼らは，アメリカ企業の持続的な成功の裏には，必ずといってよいほど常に「強い企業文化」がその推進力として働いているという結論を導くに至ったのである。彼らによれば，この企業文化（本論でいう組織文化）とは「理念，神話，英雄，象徴の合体」[4]，「人が平常いかに行動すべきかを明確に示す，非公式なきまりの体系」[5]であり，図表11-1のように4つのタイプに分類できるものである。また，ここでいう「強い」とは，組織内での共有と浸透の度合い，そして文化の示す内容（いかに行動すべき

図表11-1　企業文化の4つのタイプ

タイプ	内　容
逞しい，男っぽい文化	常に高いリスクを負い，行動が正しかったか，間違っていたかについて速やかに結果が得られる個人主義の世界。
よく働き／よく遊ぶ文化	陽気さと活動が支配する文化で，従業員は殆どリスクを負わず，結果はすぐに現れる。成功するために企業文化が社員に促すのは，比較的低リスクの活動を高レベルに維持することである。
会社を賭ける文化	大金の賭かった意思決定の文化で，しかもこれらの意思決定から成功の見通しが立つまで数年かかる。高リスクで，結果がなかなか現れない環境である。
手続きの文化	結果を知ることの殆どない，あるいは全くない世界で，職員たちは自分たちの作業を評価することが出来ない。そのかわり，彼らは仕事の進め方に神経を集中する。これらの手続きにコントロールが効かなくなったとき，私たちはこの文化を別名で呼ぶ―官僚主義と！

出所）Deal, T.E. and Kennedy, A.A., *Corporate Cultures,* Addison-Wesley, 1982.（城山三郎訳『シンボリック・マネジャー』新潮社，1983年，150ページを図表化）

か）の明確さを指している。つまり，高業績を続ける企業のそのほとんどが，組織内で行動の指針を明確に示す価値や意味の体系（企業文化）を，経営者の理念や英雄，儀礼・儀式およびそれらを伝播する文化のネットワーク（伝達機構）を通して，広くかつ深く共有・浸透させているのだという。

　そして，ディールとケネディは，その強い文化を形成・維持していくことこそ管理者の果たす役割であるとし，このような役割を果たす管理者を「シンボリック・マネジャー」と呼称する。彼らによれば，シンボリック・マネジャーは，企業文化の伝達（形成），保護（維持），変革のために，文化と文化の長期的成功に影響を及ぼす要因，そして文化の中での自分たちの役割を理解し，自らの行為の象徴的影響力を意識しながら，会社の日常の業務というドラマにおける演技者（脚本家，監督，俳優）として振る舞わなければならないのである。

　このように，ディールとケネディの「強い文化」論にあって組織文化は，

図表11-2 ディールとケネディの強い文化　概念図

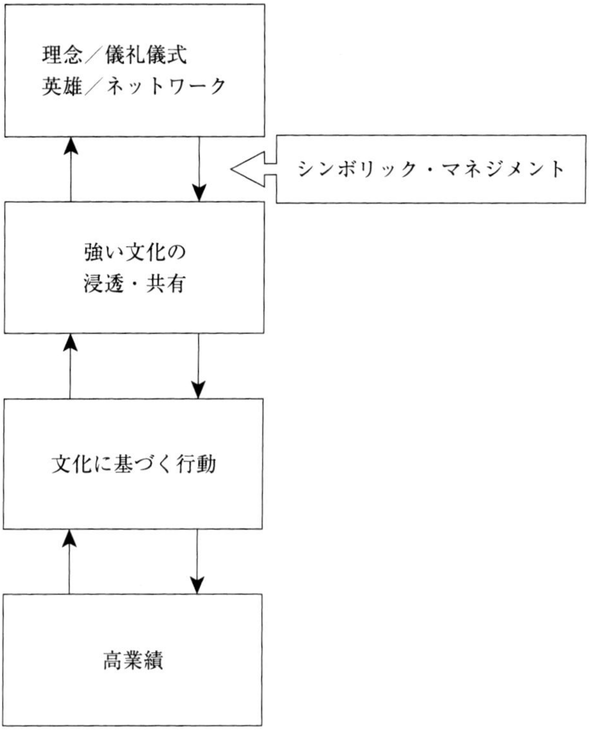

```
┌─────────────────┐
│ 理念／儀礼儀式  │
│ 英雄／ネットワーク │
└─────────────────┘
    ↑      │        ⇐ シンボリック・マネジメント
    │      ↓
┌─────────────────┐
│   強い文化の    │
│   浸透・共有    │
└─────────────────┘
    ↑      │
    │      ↓
┌─────────────────┐
│  文化に基づく行動 │
└─────────────────┘
    ↑      │
    │      ↓
┌─────────────────┐
│     高業績      │
└─────────────────┘
```

「持続的な高業績のためのツール」である。彼らのように，組織文化を組織（その目的達成や後述するように組織自体の環境適応や維持存続）に対して機能的に働く一つの変数として，さらにはそれをマネジメントのツールととらえる組織文化論は，総称して機能主義組織文化論と呼ばれている。この機能主義組織文化論は，組織文化論登場の背景からもわかるように，1980年代の組織文化論ブームの主役であり，また，ブームが過ぎ去り対抗するパースペクティブ（詳細は後述）が現れている現在でも組織文化論の主流を担っている。

(3) 機能主義組織文化論の代表例②―シャインの所論

シャイン（Schein,E.H.）の組織文化論は，上述したディールとケネディのような単に高業績を達成するためのツールとして組織文化を扱う議論ではない。彼の議論は，より広く組織が維持存続していくための外部環境との適応および組織内部の統合のためのツールとして組織文化を扱う議論である。それゆえ，ディールとケネディの所論よりも，シャインの所論のほうが機能主義としてかなり洗練されたものとしてとらえられている。

さて，シャインは，それまでの単純かつ静態的な組織文化概念を問題視し，より精密かつ動態的，そして理論的な組織文化概念を構築しようと試みている。彼によれば，組織文化とは，「ある特定のグループが外部への適応や内部統合の問題に対処する際に学習した，グループ自身によって，創られ，発見され，または発展させられた基本的仮定のパターン―それはよく機能して有効と認められ，したがって，新しいメンバーにそうした問題に関しての知覚，思考，感情の正しい方法として教え込まれる[6]」ものである。そして，その組織文化は，明示的な表層レベルから本質である深層レベルへと3つのレベルに区分することができ，またこれら3つのレベルは一種の循環的な相互作用の関係にあるとしている（図表11-3参照）。

上述の定義からも分かるように，シャインにあって組織文化は，外部環境への適応や組織内部の統合に関する問題を繰り返し解決していくうちに学習によって形成されるものである。まず，それは，組織が何らかの問題に直面した際，リーダーが自分自身の仮定あるいは価値観に基づき，問題解決に対してアクションや施策（ビジョン提示や組織構造・管理システムなどのデザイン）を示すことに始まる（リーダーの仮定・価値→人工物）。そして，他の組織構成員たちは，そのリーダーのアクションや施策をある種の価値的仮説（「この問題にはこう対処すべきだ！」）ととらえ（人工物→価値），それに従って問題解決を行いながら，仮説の正否を意識的，無意識的に学習する。このような学習が繰り返し行われていく中で，有効と認められたものが

第11章　組織文化論　179

図表11-3　シャインの組織文化概念のイメージ

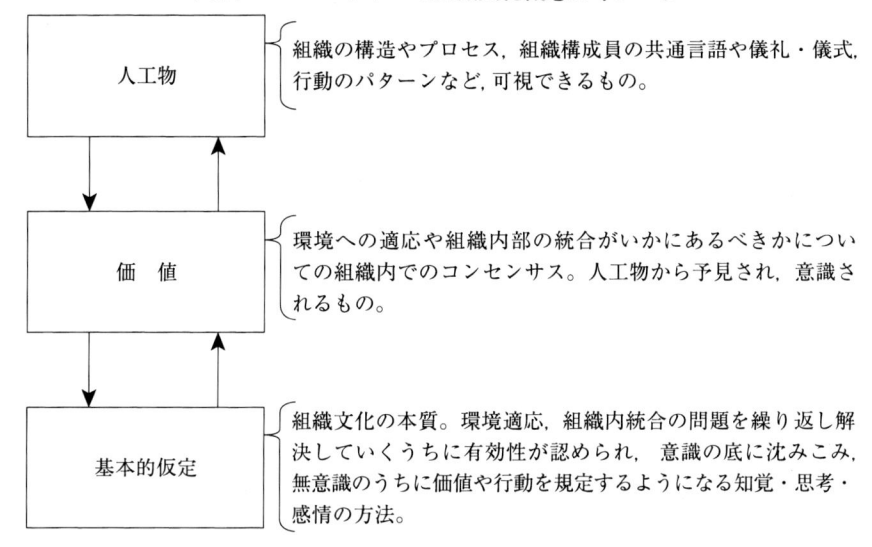

```
┌──────────┐
│  人工物   │──┐ 組織の構造やプロセス，組織構成員の共通言語や儀礼・儀式，
└──────────┘  │ 行動のパターンなど，可視できるもの。
     ↕
┌──────────┐
│  価　値   │──┐ 環境への適応や組織内部の統合がいかにあるべきかについ
└──────────┘  │ ての組織内でのコンセンサス。人工物から予見され，意識さ
     ↕        │ れるもの。
┌──────────┐
│ 基本的仮定 │──┐ 組織文化の本質。環境適応，組織内統合の問題を繰り返し解
└──────────┘  │ 決していくうちに有効性が認められ，意識の底に沈みこみ，
              │ 無意識のうちに価値や行動を規定するようになる知覚・思考・
              │ 感情の方法。
```

注) 左側のBOXによる図は，Schein, E.H., *Organizational Culture & Leadership*, 2nd ed., Jossey & Bass, 1992, p.17を訳出作成。右のコメントは，本稿筆者が同著 pp.17-26を参考に作成した。
出所) 拙稿「組織文化論」『〈経営学検定試験公式テキスト〉①経営学の基本』中央経済社，2003年，250ページ.

組織構成員すべてで共有される基本的仮定，つまり組織文化となっていくのである（価値→仮定）。

このようにして出来上がった組織文化は，繰り返し起こる問題はもちろんのこと，新たに起こる問題に対しても解決策に対する構成員間での合意の獲得（「この問題はこう解決すべき！」）を容易にする。そして，それが行動に移されることで環境への適応・組織内部の統合がなされていくのである（仮定→価値→人工物）。

また，シャインもディールとケネディ同様，組織文化の形成および変革におけるリーダーシップの役割の重要性を論じている。とりわけ，彼は機能しなくなった組織文化の変革においてリーダーシップが重要であることを強調している。

3. シンボリック―解釈主義の組織文化論

(1) 機能主義組織文化論への懐疑

　ここまで検討してきたように，組織文化論は，1970-1980年代の社会的・理論的背景の中から生まれ，組織の高業績や維持存続のための操作可能な一つのマネジメントツールとして組織文化を論じてきた。そのような組織文化論は，機能主義組織文化論と呼ばれた。現在では，そのブームも収まり，「組織文化」という概念は，組織論に欠かすことのできない要素の一つとして定着しつつある。

　しかし，機能主義組織文化論には，同時にさまざまな批判や懐疑があるのも事実である。組織文化とは，機能主義がいうように，果たして本当に組織のため（業績や維持存続のため）の道具なのであろうか？　これでは，個人が組織文化を介して組織の従属物になってしまってはいないだろうか？　現在，このような批判・懐疑もあいまって，これまでとはまったく異なる見方をする組織文化論が登場してきている。シンボリック―解釈主義（Symbolic-Interpretivism）の組織文化論がそれである。

(2) シンボリック―解釈主義組織文化論の特徴

　シンボリック―解釈主義組織文化論では，解釈主義的文化人類学者ギアツ（Geertz,C.）の文化概念などを援用して，組織文化を概ね「社会的に構築さ

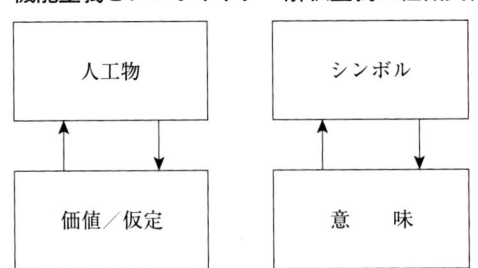

図表11-4　機能主義とシンボリック―解釈主義の組織文化概念の比較

人工物	シンボル
価値／仮定	意　味

れ共有されたシンボルと意味の網あるいはシステム」ととらえている。ここで「網（web）」とは相互関係的なパターンを意味している。また，シンボルとは，それ自身以上の非常に大きな何かを意味するサインであり，共有される「意味」は，このシンボルあるいは複数のシンボル間の関係から生じ，また解釈されるものである。この組織文化概念は，図表11-4をみてもわかるように機能主義のそれとさほどかわりはない。シンボリック―解釈主義固有の特徴は，組織文化概念ではなく，機能主義批判という登場の経緯からも分かるようにその問題意識，そして理論を根底から支える科学に対する見方・考え方にある。

1）シンボリック―解釈主義組織文化論の問題意識

シンボリック―解釈主義の組織文化論の問題意識は，組織文化の機能性（業績向上や環境適応など，組織の生き残りのためのツールとしてそれが有効か否か）ではなく，組織の現実（組織内で経験されるさまざまな出来事や組織構成員の言動）がどのように社会的に構成されていくのか，つまり組織の現実がどのように構成員たちによって解釈され意味づけられていくのか（形成のプロセス），そしてそのときどんな意味が付与されるのかを明らかにすることにある。つまり，シンボリック―解釈主義の組織文化論は，個人（組織構成員）の主体性および組織文化の創発プロセスを重視し，それこそが組織文化を論じる意義であると考える組織文化論なのである。

具体的な研究としては，たとえば，行政組織の組織文化を週1回の定例会議を通して明らかにしたシュルツ（Schultz,M.）の研究がある。シュルツは，その研究で，会議参加者（大臣や事務次官や各局のマネジャーなど）のやり取りとインタビューを通じ，そこでの儀式（習慣的行為）を，そしてそこから神話と伝統を，さらには世界観を，そして最後に組織で共有される文化イメージを解き明かしていった（ちなみに，当該組織ではマネジャーレベルで家族的なイメージが，それ以外のメンバーの間ではマネジャーレベルとは全く異なる疎外やポリティカルなイメージが組織に対して構成されていた）。

また，この他にもスマーシッチ（Smircich,L.）の保険会社の民俗誌的研究など，シンボリック―解釈主義の具体的な調査研究は数多くある。ちなみに，それらの調査では共通して参与観察やインタビューなどの定性的調査法がとられており，この点もまたシンボリック解釈主義の大きな特徴であるといえる。

2）シンボリック―解釈主義組織文化論の科学に対する見方・考え方

さて，このようにシンボリック―解釈主義は，機能主義とは全く異なる問題意識に立っているのであるが，このような問題意識と上述のような定性的調査方法の根底には，シンボリック―解釈主義特有の科学に対する考え方がある。

それは，主観主義（subjectivism）といわれ，科学の存在論，認識論，人間性，方法論に対して唯名論，反実証主義，主意主義，個性記述的な立場をとり，現実に対する人間の意識や主観性の領域からの理解を重視する科学観である。この主観主義は，機能主義の科学に対する考え方（これを客観主義という）とはまったく逆の立場であり，これこそが2つの主義を分かつ最大の要因である（詳細は第14章）。

3）シンボリック―解釈主義組織文化論の問題点とその克服の試み

ここまで検討してきたように，シンボリック―解釈主義の組織文化論は，機能主義組織文化論のマネジメント志向に対する懐疑から生まれ，組織文化の機能性よりも組織文化の社会的構成に着目した研究を進めてきた。しかし，これらにもやはり問題はある。たとえば，シンボリック―解釈主義は，①組織文化の社会的構成のプロセスを明らかにしようと相互行為レベルへ注目するがあまり，組織全体の文化へとそれが広がっていくさまが説明しきれない，②同主義が機能性への懐疑から生まれているがゆえに，経営実践への提言能力（「こうしたらうまくいく！」といった政策提言）が乏しいなどである。

今日，このような問題を克服すべくさまざまな試行錯誤が行われている。

第 11 章 組織文化論　183

図表11-5　ハッチの組織文化のダイナミクス論

理論的志向

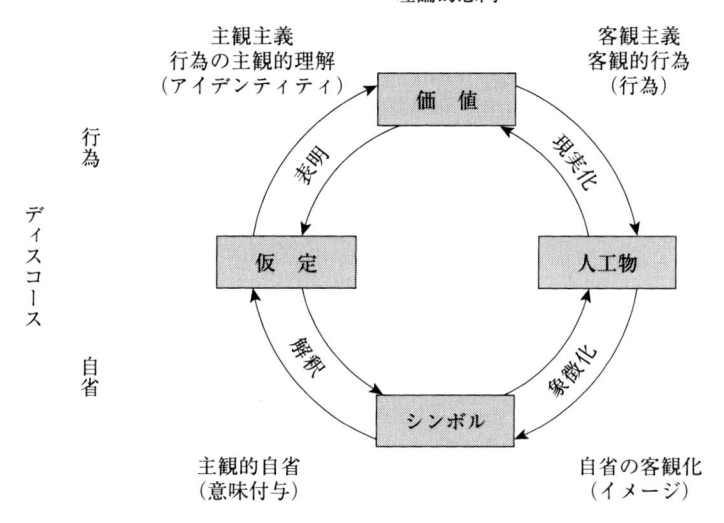

```
           主観主義                          客観主義
        行為の主観的理解                      客観的行為
       （アイデンティティ）                    （行為）
                      ┌──価　値──┐
                   表明↑         ↓現実化
   行為       ┌──仮　定──┐    ┌──人工物──┐
  ディスコース              ↑         ↓
   自省          解釈↑         ↓象徴化
                      └──シンボル──┘
           主観的自省                         自省の客観化
          （意味付与）                        （イメージ）
```

出所）Hatch, M., "The Dynamics of Organizational Culture," *Academy of Management Review*, 18-4, 1993, p. 685

たとえば，ハッチ（Hatch,M.）は，シャインの組織文化論とシンボリック―解釈主義のアイデアを融合させ，組織文化をより動態的に検討できるモデルを構築しようとしている（図表11-5）。これは，問題点①の解決を目指す試みの一つであるといえよう。この他にもギデンズ（Giddens,A.）の構造化理論（structuration theory）を応用する研究など，問題克服の試みは，多種多様である。

4．むすびにかえて

さて，本章ではここまで組織文化論の流れと各論の問題意識および概要について検討してきたが，マネジメントツールとしてであろうと，そうでなかろうと，組織でなされる行為に密接に絡み合って離れない価値や意味という

ものを議論することは，組織の倫理性や創造性が問われる今日において非常に重要なことであると考えられる。しかし同時に，ここまでの議論からも分かるように，機能主義にせよ，シンボリック—解釈主義にせよ，克服すべき問題点が多く，両理論とも決して完成されたものではないというのも事実である。それゆえ，組織文化論の早急な彫琢が期待される。

また，この機能主義への懐疑からシンボリック—解釈主義，そしてさらなる試行錯誤へという流れは，組織文化論のみならず，組織論全体においてもみられる今日的傾向となっている。それについての検討は，第14章に譲ることにしよう。

注)
1) 本章1.(1), (2)および2.(2), (3)は，拙稿「組織文化論」『〈経営学検定試験公式テキスト〉①経営学の基本』中央経済社，2003年，243-252ページを大幅に加筆修正したものである。
2) 以下，ピーターズとウォーターマンの研究に関する記述は，Peters, T.J. and Waterman, R.H., *In Search of Excellence*, Harper & Row, 1982. （大前研一訳『エクセレント・カンパニー』栄治出版，2003年）を参照。
3) 竹中克久「組織文化論から組織シンボリズムへ—シンボルとしての組織概念の提唱—」『社会学評論』52-53ページを参照。
4) Deal, T.E. and Kennedy, A.A., *Corporate Cultures*, Addison-Wesley, 1982. （城山三郎訳『シンボリック・マネジャー』新潮社，1983年，14ページ）
5) Ibid. （同上，訳書，29ページ）
6) Schein, E.H., *Organizational Culture & Leadership*, Jossey&Bass, 1985. （清水紀彦・浜田幸雄訳『組織文化とリーダーシップ』ダイヤモンド社，1989年，12ページ）

▶ 学習の課題
1 身のまわりあるいは自身の所属する組織の組織文化について考えてみよう。
2 機能主義組織文化論の立場で，実際に企業不祥事を起こした組織を題材にその組織を立て直す手立てを検討してみよう。
3 シンボリック—解釈主義の立場で，実際に起きた企業不祥事を題材にその不祥事がどのようにして起こってしまったのかを分析してみよう。

◆ 参考文献

Burrell, G. and Morgan, G., *Sociological Paradigms and Organizational Analysis*, Heinemann, 1979.（鎌田伸一・金井一頼・野中郁次郎訳『組織理論のパラダイム―機能主義の分析枠組―』千倉書房，1986年）

Hatch, M., "The Dynamics of Organizational Culture," *Acadmy of Management Review*, 18-4, 1993.

Litwin,G. and Stringer, Jr., R., *Motivation and Organizational Climate*, Harvard Business School Press, 1968.（占部都美監訳，井尻昭夫訳『経営風土』白桃書房，1974年）

Schein, E.H., *Organizational Culture & Leadership*, 2nd ed., Jossey & Bass, 1992.

Schultz, M., *On Studying Organizational Cultures*, Walter de Gruyter, 1994.

Smircich, L., "Organizations as shared meanings," in Pondy, L. Frost, P. Morgan, G. and Dandrigde. (eds.), *Organizational Symbolism*, JAI Press, 1983.

坂下昭宣『組織シンボリズム論―論点と方法―』白桃書房，2002年

高橋正泰『組織シンボリズム―メタファーの組織論―』同文舘，1998年

拙稿「ミクロ・マクロ・リンクの組織論に関する一考察―個人的分析モデル構築のための試行錯誤―」『専修大学経営研究所報』148，2002年

●第12章のポイント
■組織間関係の理論は，組織とそれを取り巻く外部環境との関係に焦点を当てた新しい理論である。
■それまでの支配的な理論であったコンティンジェンシー理論と異なる点は，外部環境を所与のものととらえるのではなく，組織が環境に働きかけることで環境を変えることが可能であるとしたことである。

◇ 基本用語

【外部環境】　組織を取り巻く環境を意味する。具体的には組織との間に取引，交渉関係を有するさまざまなステークホルダー（利害関係集団）を指し，他企業，政府，消費者，株主，地域社会等が該当する。

【パワー】　資源依存モデルで用いられる組織と組織の力関係を表す概念。他組織の保有する資源の重要性，稀少性が高いほど他組織は当該組織に対してパワーをもつことができる。

第12章　組織間関係の理論（Ⅰ）

　現代は，組織の時代といわれる。現代社会の高度な科学技術や優れた製品，サービスは，いずれもシステム化された組織から生み出されたものであり，一個人の力のみで達成できうるものではない。現代社会は複雑に張り巡らされた組織のスケルトンによって構築されている。

　組織に関する最初の経験的実証研究は，1930年代にバーナード（Barnard, C.I.）によってなされたが，その後，組織論は経営学の重要な分野として発展を遂げ今日に至っている。本章で紹介する組織間関係の理論もそうした組織論の一部である。組織間関係の理論は，1960年代から70年代にかけて組織論の分野で支配的な考え方であったコンティンジェンシー理論（contingency theory）に対する批判の中から生まれた。コンティンジェンシー理論は，オープンシステムとしての組織という考え方をベースにし，外部環境が組織を規定するという主張を展開した。すなわち，コンティンジェンシー理論の考え方では，あらゆる組織に共通する普遍的な組織原理というものは存在せず，個々の組織は組織が置かれた環境や状況によって影響を受けるのであり，状況に応じてベストな選択をするものである。いうなれば，「環境が組織を規定する」というのがこの理論の主たる考え方である。しかしながら，コンティンジェンシー理論では，環境は所与のものとして規定されており，組織が環境に対して働きかけを行い，場合によっては自らに都合が良い環境に変えていくといった側面は捨象されている。つまり，組織はただ単に環境からの影響を受けるだけの受動的な存在ではなく，自らも環境に対して働きかけを行う能動的な存在であるという批判がこの理論に対してなされたのである。

　組織間関係論は，こうした批判の中で環境を所与のものとしてとらえるのではなく，組織と環境をインタラクティブな関係においてとらえ直し，新し

い理論の構築を目指した。本章では，組織間関係の代表的な理論として，資源依存モデルと個体群生態学モデルの2つの考え方を紹介する。

1. 資源依存モデル

われわれの社会には実にさまざまな組織が存在するが，いずれの組織も自己完結型ではない。すなわち，組織の規模や能力のいかんにかかわらず，いかなる組織も単独では存続できず，他組織との相互作用を必要とする。たとえば，大手自動車メーカーのケースを考えてみよう。自動車を生産し，販売する企業活動を大手自動車メーカーが他企業と関わることなく，単独で遂行することは不可能である。複雑なメカニックを有する現在の自動車はおよそ2万点にも及ぶ部品から成り立っているといわれ，おのおのの部品を生産しているのはサプライヤーと呼ばれる部品メーカーである。大手自動車メーカーはサプライヤーから部品の供給を受けることで自動車の組立が可能になる。また，販売に際しても販売ディーラーの協力なしにはセールス活動は成り立たない。顧客情報に精通した販売店の営業力こそが売上増の決め手になるからである。つまり，自動車を生産し，販売するという経営プロセスにおいて，大手自動車メーカーを核にして多数の部品メーカーや販売店が関わる組織間関係が構築されているのである。ここで大手自動車メーカーにとって，部品メーカーや販売店は外部環境である。部品メーカーの提供する部品の品質が劣悪であれば自動車の性能に影響するし，指定した納期を遵守しなければ生産計画を狂わせることになる。また，販売店のセールスマンの顧客サービスが悪ければ，売上は伸びないであろう。逆に，部品メーカーや販売店が優れた能力を備えている場合には，大手自動車メーカーは大きな利益を獲得することが可能となる。このように，大手自動車メーカーは外部環境である部品メーカーや販売店の動向により制約を受ける。その際に，外部環境の制約がマイナスの作用を及ぼす場合には，大手自動車メーカーは外部環境に働きかけて，他の部品メーカーや販売店にかえることもできる。

第12章　組織間関係の理論（I）　189

　こうした中核組織（あるいは焦点組織ともいう）とそれを取り巻く外部環境としての組織の関係に注目し，おのおのの組織が保有する資源をベースにして組織間関係の理論化を試みたのが資源依存モデルである。すなわち，資源依存モデルは，トンプソン（Thompson, James D.）を理論的源泉とし，フェファーとサランシック（Pfeffer, J. and Salancik, G.R.）によって体系化された組織間関係の支配的理論である。資源依存モデルは，「他組織への依存」「他組織からの，もしくは他組織へのパワー行使」「自由裁量権の確保」の3つを理論的な支柱としている。以下，順次説明していくこととしよう。

(1)　他組織への依存

　資源依存モデルでは，組織が他組織と関係を構築するのは，おのおのの組織が保有する資源を交換，取引する必要性が生じた時であると説明する。ここで組織が保有する資源とは，人的資源，物的資源，財政的資源，情報資源，社会的正当性等の資源を指す。組織は自らが保有するこうした資源を他組織が保有する資源と比較し，取引効果を認めた場合に他組織との関係，すなわち組織間関係が生まれる。前出の自動車メーカーのケースで考えてみよう。大手自動車メーカーが部品メーカーと取り引きするのは，自前で部品を生産するよりも部品メーカーの作った部品を購入する方が，さまざまな点で有利であると判断するからである。つまり，部品メーカーの保有する資源を活用する方が自社のそれを活用するよりコスト的に安上がりであるとか，品質が確かである等，経営的に優位性が認められる場合には，大手自動車メーカーは部品メーカーの資源に依存することを選択する。逆に，部品メーカーの資源に依存することによる経営上のメリットが見い出せない場合には，大手自動車メーカーと部品メーカーの間に組織間関係は発生しない。このように，組織間関係が発生している組織の間には必ず双方の組織の間で資源の取引，交換がなされている。しかも，組織間でなされる資源の取引は，常にイコール・パートナーの関係でなされるとは限らない。多くの場合，その関係

は非対照的であり，いずれかの組織が取引において優位に立つケースが多い。大手自動車メーカーと部品メーカーの取引も，実際には大手自動車メーカーが優位に立ち，部品メーカーは指定された価格，品質，納期を守って生産するという非対称的な組織間関係である場合が多い。

(2) 他組織からの，もしくは他組織へのパワー行使

さて，他組織への資源に依存する形で組織間関係が構築された場合，依存の度合いに応じてパワー関係が生じる。前出の大手自動車メーカーと部品メーカーのケースで説明したように，多くの場合，組織間関係は非対称的である。資源依存モデルでは，優位に立つ組織は他組織に対してパワーを行使することができるとしている。すなわち，フェファーとサランシックによれば，ある組織が他組織への依存度を強める要因として，他組織が保有する資源の重要性，稀少性，資源に対する他組織のコントロールの程度があげられるという。つまり，ある組織にとって組織の維持，存続もしくは拡大のために他組織の保有する資源がきわめて重要であり，また当該組織以外にその資源を保有していない場合，さらにはその資源の管理，統制を他組織が別のいかなる組織からの制約も受けずにコントロールできる場合には，他組織はある組織に対して資源の取引上，きわめて有利な立場に立つことができる。この場合，資源依存モデルでは，他組織はある組織に対してパワーを行使できる立場にあるとみるのである。

ところで，パワー優位性を有する組織は対象組織に対して実際にはどのような方法でパワーを行使するのであろうか。もっとも一般的な方法は，自らの意思に従わせるために対象企業の意思決定機関に役員などを送り込む方法である。たとえば，株式会社であれば取締役会に役員を送り込んで影響力を行使する。あるいは対象企業の筆頭株主となり，株主総会での発言権確保や経営者の任免権を握る等の方法がとられる場合もある。

(3) 自由裁量権の確保

　資源依存モデルが想定する組織間関係は，自立した組織と組織の間の関係であるが，前述したようにその関係はしばしば非対称的な性格を帯び，他組織への資源依存度の高い組織はパワー行使を受けやすくなる。しかしながら，フェファー／サランシックによれば，組織は出来る限り自立的であろうとし他組織からの影響力を排除しようと努めるものであると説明される。すなわち，組織は自らの組織に対する自由裁量権を確保しようとするのである。そのために，組織は外部環境に対して積極的に働きかけを行う。他組織からのパワー行使とそれによる自由裁量権の制約を回避するための手段としては2種類ある。

　第1の手段は，パワー優位性をもつ組織に対する資源依存関係自体を解消するという方法である。つまり，他組織の保有する資源に過度に依存するところからパワー優位が生み出されるのであれば，その関係を清算してしまえばパワー行使を受けることもなくなるというものである。資源依存関係の解消は具体的には，代替取引組織との取引，多角化等の方法で行われる。たとえば，石油資源をめぐる日本と石油産出国の関係で考えてみよう。石油資源のない日本は，石油をほぼ100％，外国の産油国からの輸入に頼っている。しかもその大半は中東地域の産油国である。いうまでもなく，石油資源は日本経済に欠かせない重要資源であり，他の資源では代替できない稀少性をもっている。さらに石油価格，産油量等の石油資源の管理は，現状では完全に産油国のコントロール下に置かれている。つまり，資源依存モデルの考え方では，日本は石油資源という自国経済に欠かせない重要資源を全面的に中東産油国に依存しており，したがって中東産油国からパワー行使を受ける立場にあるといえる。ここで日本が自由裁量権を確保するためには，中東地域に偏った従来の石油資源政策を改め，新たに中国，ロシア等，他の産油国との取引量を増やしてパワー行使を受けるリスクを分散させる方法をとるか，あるいはまた石油以外のエネルギー資源を開発して脱石油化を進めるという選

択肢が考えられる。しかし，いずれの選択肢も実現不可能の場合には，資源依存関係を維持しつつ自由裁量権を確保するという第2の手段がとられることになる。

第2の手段は，資源依存関係を認めつつも他組織からのパワー行使を最小限に抑えるために，パワー行使を法的に制限するという方法である。具体的には交渉，包摂，結託等の方法がとられる。[1]

交渉とは，ある種の合意を目的としてなされる折衝である。資源依存関係にある組織の当事者間で資源の取引やパワー行使に関して何らかの合意文書を取り交わす場合等になされる。

包摂は，パワー優位にある組織の代表者を自らの意思決定機関に参加させる，あるいは意思決定メンバーに加えることで双方のコミュニケーションを円滑にし，相互理解の促進を図ろうというものである。しかしながら，パワー優位にある組織の人間を取締役に迎えることは，自組織の意思決定がコントロールされる危険性もはらんでおり，必ずしも思惑通りにいかないこともあり得る。

結託とは，共通の目的を達成するために組織同士が連合することを意味する。製品のデファクト・スタンダードを獲得するために，組織間で協定する場合等がこれに該当する。

2. 個体群生態学モデル

個体群生態学モデルも組織論の支配的理論であったコンティンジェンシー理論を批判する過程の中で生まれた。前述したようにコンティンジェンシー理論の主張は，組織は環境に適応するために自らの組織構造や行動を変化させていくというもので，組織と環境の関係を「適応」という視点からとらえた理論であった。これに対して個体群生態学モデルは，両者の関係を「適応」ではなく「淘汰」という視点からとらえる。すなわち，環境に適応できない組織がどのようなメカニズムで淘汰されるのかを理論化したのが個体群

生態学モデルである。

　個体群生態学モデルは，ハナンとフリーマン（Hannan, M.T. and Freeman, J.）という2人の社会学者によって提唱されたが，この理論には従来の組織論にはない新しい特徴がいくつか包摂されていた。その一つは，分析の対象が個別組織のレベルを超えた組織単位であったことである。組織と環境の関係，あるいは組織と組織の関係においても，従来の組織論では個別組織を分析の対象としていた。個体群生態学モデルでは，同じ属性をもつ組織を一つの固まりとしてとらえ（これを個体群という），さまざまな個体群が群雄割拠する状態を分析の対象とした。さらにもう一つの特徴は，進化論や生態学といった自然科学の理論をバックボーンにしたことである。すなわち，これらの学問は自然界に生息するさまざまな「種」からなる生態系を分析単位とし，種の誕生や盛衰，淘汰のメカニズムを研究対象としている。個体群生態学モデルは，こうした考え方を社会科学に援用し，組織の盛衰，淘汰のメカニズムを分析しようとしたものである。上記の個体群という考え方も，進化論や生態学の「種」の考え方に由来する。

　個体群生態学モデルは，前述したように組織の淘汰のメカニズムを説明したものであるが，これを理解するためにはいくつかのキーとなる概念を把握しておく必要がある。ここでは，「個体群」「ニッチ」「組織慣性」という3つの概念について説明しておくこととしよう。

(1) 個体群

　ハナンとフリーマンによれば，個体群とは「共通の特徴を有する組織の集合」である。生態学では，種の個体レベル，同じエリアに生息する個体の集合レベル，一定のエリア内に生息するすべての個体群のレベル，という3つのレベルに分けて分析を行っている。ここでいう個体群とは，同じエリアに生息する個体の集合レベルを指す。ただし，個体群生態学モデルが想定する個体群は，必ずしも同じ地域で活動する組織の集合を意味するものではな

い。共通の特徴を有する組織の意味するところは，組織構造や組織行動，あるいは組織文化や組織メンバーの共有する価値観といった幅広い領域での共通性である。

(2) ニッチ

ニッチとは「隙間」を意味する用語であり，最近ではベンチャー企業のビジネスチャンスを示す言葉としてしばしば用いられるが，もともとは生態学で使用される用語である。すなわち，生態学では種が繁殖できる環境を称してニッチと呼んでいる。個体群生態学モデルでは，個体群が存続，繁栄できる環境をニッチと規定し，ニッチを見い出せた個体群は繁栄し勢力を拡大する反面，ニッチを見い出せなかった個体群は淘汰されることになると説明している。

(3) 組織慣性

個体群生態学モデルでは，組織とは，本来，変化に適応する能力が低く，むしろ変化に対しては抵抗する力が働く存在であると説明する。組織が変化することを嫌い，現状のままであり続けようとする力を組織慣性と呼ぶ。

そもそも生物の身体的特徴は，長い進化のプロセスの中で固定化されたものであり，自らの意思で変えることはできない。組織の特性も同様に組織自らの意思で変えることは困難であると個体群生態学モデルでは説明する。たとえば，昨今のわが国における構造改革の問題にみられるように，変化を実施するに際しては，既得権益を享受している者や変化に不安を抱く者からの激しい抵抗にあうのが常である。この組織慣性が組織の環境への適応の妨げとなり，適応できない組織は淘汰されることになる。

(4) 自然淘汰のメカニズム

個体群生態学モデルでは，環境からの影響を受けて組織個体群のなかに変

図表12-1　固体群生態学モデルの自然淘汰プロセス

変異	選択・淘汰	保持
組織の固体群に多くの変異が発生する	ある組織形態はニッチを見出すことができ存続する	環境に適した組織は成長し，環境の中で制度化される

出所）桑田耕太郎・田尾雅夫『組織論』有斐閣アルマ，1998年，110ページ

化が生じ，やがてニッチを見い出せない個体群が淘汰させていくプロセスを，「変異」「選択・淘汰」「保持」という3つのプロセスで説明している。

1）変　異

　さまざまな属性をもつ個体群が割拠する状態にあって，それまでみられなかった新たな属性をもつ個体群が誕生することを変異という。変異は組織内外の要因が意図的，計画的に引き起こすこともあるが，逆に意図せざる結果として生じることもある。つまり，組織内部のメンバーや組織間のコミュニケーションを通じて，意図的，計画的に新たな組織デザインを考案し，環境にフィットさせようとする場合もあるし，環境変化が自然発生的に新たな組織形態を生み出す場合もある。組織内部で変異が生じる可能性は，組織を構成する要素がタイトに結合している場合よりも，むしろ要素間の結合がルースである場合の方が高い。すなわち，中央集権型組織で各部門に権限委譲がなされていないケースでは，組織メンバーの思考パターンも画一的になりがちで現状を維持しようとする傾向が強い。逆に分権型の組織では各部門に自由裁量の余地が高まるため，組織メンバーの思考も柔軟なものになり，新たな組織デザインが生まれる可能性がある。中央集権型組織において変異が生じる可能性としては，組織のトップが意図的，計画的に変異を引き起こすか，さもなければトップの経営失敗により下部組織に混乱が生じ，非意図的

に変異が生じるケースが考えられる。

　さて,組織に変異が生じると新たな組織形態は普及プロセスを経て個体群の中に伝播していく。その際,重要な役割を果たすのが,人の移動とエージェントを通じた学習である。[2] 人の移動とは,変異が生じた組織に所属していた人間が他の組織に移ることで,新たな組織形態や組織行動,価値観を伝染させることである。人の移動が活発に行われることで,ウィルスが伝染するように変異が拡散し,新たな共通項をもつ組織個体群が形成されていくことになる。もう一つのエージェントを通じた学習とは,さまざまな媒体を通じて変異が取り上げられ,他の組織に所属する人間がそれを学習することで新たな組織形態が普及していくことである。たとえば,組織革新に成功し業績を伸ばしている企業の事例が業界誌やセミナー等で取り上げられ,成功体験が語られることで知やノウハウが参加者に伝達されるケースなどがこれに該当する。

　2)選択・淘汰

　組織の中に生成した変異が,新たな個体群を形成し,新しい組織個体群の中で支配的なポジションを獲得するためには,環境にニッチを見い出すことが必要である。すなわち,変異によって生まれた組織が拡大,拡散していくためには生存に必要な資源を環境から獲得しなければならず,うまく資源を獲得できれば勢力を拡大する。一方,環境の資源は有限であり,変異によって誕生した組織との資源獲得競争に敗れた既存組織は生き延びることができず,環境によって淘汰される。その結果,組織個体群を形成する個体群の勢力地図が塗りかわり,新たな組織個体群が形成される。これが個体群生態学モデルが説明する選択・淘汰のメカニズムである。

　選択・淘汰のメカニズムは,市場における競争を通じて起こる場合と政治的権力によって起こる場合がある。[3] 市場における競争を通じた選択・淘汰は,同業他社間の競争のケースにおいて典型的に見受けられるように,人的資源や原材料等の有限資源の獲得をめぐって熾烈な競争が繰り広げられ,そ

の結果，勝者と敗者が明らかとなり，企業の選択・淘汰がなされる。一方，政治的権力の場合は，政府などによる法規制や行政指導が組織にとって外部環境制約となり，制約条件をうまくクリアした組織とクリアできない組織の間で選別がなされ，やがて淘汰される組織が出てくるというものである。

3）保　持

個体群生態学モデルでは，ニッチを見い出し，環境によって選択された組織形態が長期間にわたって維持，存続することを保持と呼んでいる。保持は変異のカウンターパワーとして認識され，組織内外に変異を生み出す要因が多数存在する組織形態は保持される可能性が低い。逆に組織慣性が強く作用し，変異が生成されにくい組織形態は保持される可能性が高くなる。

組織形態を保持するために必要とされる要件のなかでもっとも重要なものは，組織構造や組織文化を官僚化することである。これは，組織設計の基本原理につながる問題であるが，階層化し権限関係を明確にした組織構造にマニュアル化した業務をインプットすることで，組織の継続性，反復性は高まる。そして，プログラムに基づいてルーティン・ワークをこなす組織メンバーは画一的，保守的なメンタリティを有し，変化に対して心理的に抵抗感をもつようになる。このような組織は，官僚制組織と呼ばれ，昨今はその弊害が指摘されているが，組織の基本型であり，安定的に組織を保持するためにはもっとも必要な要件である。

注）
1) 桑田耕太郎・田尾雅夫『組織論』有斐閣アルマ，1998年，103ページ
2) 前掲書，112ページ
3) 前掲書，114ページ

▶学習の課題

1 資源依存モデル，個体群生態学モデルという組織間関係の主要な理論についてポイントを整理してみよう。

2 上記の理論を現実の社会活動に当てはめてみることで，理論の整合性や問題

点を考えてみよう。

◆参考文献

山倉健嗣『組織間関係』有斐閣，1993年

桑田耕太郎・田尾雅夫『組織論』有斐閣アルマ，1998年

高橋伸夫編『超組織論』有斐閣，2000年

Hannan, M.T. and Freeman, J., "The Population Ecology of Organization," *American Sociological Review*, Vol. 82, 1977.

Pfeffer, J. and Salancik, G.R., *The External Control of Organizations : A Resource Dependence Perspective*, Harper & Row, 1978.

● 第13章のポイント

■ 組織間関係の類型は市場から内部組織までの連続体のうち，中間部分がその対象領域になる。その形成要因について理解する。

■ 組織間関係を決定する要因には，取引特性要因，関係特性要因，社会・文化的特性要因がある。その具体的な内容について理解する。

◇ 基本用語

【組織間関係】　組織と組織との間の協同的結合を通して組織相互の目的をより効率的に達成しようとするもの。近年ではネットワーク理論が登場することによって競争的優位性を確保するための活発な動きがある。

【取引費用】　市場を通しての取引には探索費用，切替費用，調整費用，信用形成費用などが発生することを意味する。取引費用が発生する要因には，限定された合理性と機会主義などの人間的要因と，不確実性や複雑性，少数性などの環境的要因がある。

第13章　組織間関係の理論（Ⅱ）

1. 組織間関係の形成要因

　組織間取引において，取引方式が伝統的な市場メカニズムを中心とする傾向から，ますます組織間関係的なメカニズムに依存する形に移行しつつあることが認められている[1]。このような組織間の関係を説明する理論としては，取引費用アプローチ，プロセス・アプローチ，資源依存アプローチ，エコロジー・アプローチ等々がある[2]。これらの理論は組織間関係が示すさまざまな形態とその経済的妥当性を，それぞれ異なる見地から理論的モデルとして提示している。

　最近では，組織間の連結を表現するものとしてネットワークという概念がしばしば用いられる。ネットワークの概念の規定には論者によりさまざまなものがあるが，アルドリッチ＝フェッテン（Aldrich, H. E. and Whetten, D. A., 1981）は，「あるタイプの関係によって結ばれたあらゆる単位の総合体（totality）」であると定義している[3]。また，このネットワークの定義を企業に適用すると，ネットワークの形成条件として，①2つ以上の相互に連結されている取引関係が構成され，さらに，②これらの取引関係は市場（market）より比較的に高い統合性を持たなければならないという[4]。このようにネットワークの概念とその形成要件を基盤に組織間関係の諸類型を分類すると次のようである。

　グランドリ（Grandori, A., 1987）によれば，組織間関係の諸類型は，市場の「見えざる手（invisible hand）」による競争関係という極から，ヒエラルキーの「見える手（visible hand）」による権限関係という極までの連続体のうち，中間部分がその考察対象になるという[5]。その諸類型は図表13-1に示すように，U型（unitary form）企業，マトリックス型（matrix form）企業，

図表13-1　組織間関係の連続体

```
マトリックス  持株    フランチャ  兼任     縁故及び交
形態        会社    イジング    取締役   際に基づく
                                        企業間関係

←――――┼――┼――――┼――――┼――┼――――――→
官僚制  U型  M型   合弁事業 下請組合  カル            完全競争市場
                                   テル
```

出所）Grandori, A. 1987, pp. 166-167. 佐々木利廣, 1990年, 1ページから再引用

　M型（multidivisional form）企業などのように内部組織（internal organization）に近い形態から，カルテルあるいは企業連合（cartels or associations），兼任取締役（interlocking directorates），企業間縁故および社交的関係（interfirm clan and social relations）などのように完全競争市場に近い形態までのさまざまな形が存在する[6]。

　両端に位置するのが完全な官僚制と完全競争市場であるが，これらは両極の理念的なタイプである。官僚制から完全競争市場の方向にシフトすると，U型企業とM型企業の形態が発見できる。

　ここでU型とは単一商品に関する多機能をもつ大企業のことをいうが，主な業務単位は職能別部門―営業・財務・製造―である[7]。これに対してM型の特徴と利点は次のように要約できる[8]。

① 業務的決定の責任は事業部（divisions），ないし準企業（quasifirms）に割り当てられる。
② 総合本社直属のスタッフは助言および監査の機能を有し，事業部の行動に対する統制をいっそう強力に確保する効果がある。
③ 総合本社は主として，（互いに競合する）事業部の間への資源配分を含む計画・評価・統制に関わる戦略的な決定にたずさわる。
④ 総合本社を日常業務から分離することによって，総合本社の管理者たちは，各職能部門の問題に心を奪われることなく組織の全体的な成果に

関心をおくよう,心理的コミットメントを与えられる。
⑤結果として現れる特徴は,合理性とシナジー効果であるが,後者は全体が部分の合計よりも大きい（より効果的で,より効率的である）ことをいう。

さらに進んだ段階では,所有権はまだ共有されるが官僚的な統御メカニズム（governance mechanism）の状態がより緩やかになっている持株会社（holding company）と合弁企業（joint venture）が位置を占める。

フランチャイジング（franchising）は,企業間の共有財産（common property）がなく,特許権使用料（royalty）に対するサービス交換権を獲得することを基礎にしているため,その次の段階に位置づけられるが,通常は強力な（intense）官僚的な統制によって支援される。その次に,相互依存性が高くて複雑なプロジェクトを遂行するために強力な調整を必要とする異業種間の協力組合が位置を占めるが,それは異なる専門性をもつ独立した企業間連合の形態として現れる。コンソーシアム（consortium）の形として次に位置づけられるのが,カルテルや企業連合あるいは他の制限された目的——価格設定,マーケティング,購買,あるいは情報処理サービス——のため形成された企業間の公式的な連結であるが,緩やかな協約（formal but loose agreement）の性格を有する。最後に,企業間協調（interfirm coordination）の社交的様式が存在するが,それは兼任取締役のような企業間の統合的な役割と縁故関係（integrating roles and clan relationships）によって支援される市場のことをいう。

アイゼンバーグ（Eisenberg, E. M., 1985）は組織間の連結関係に関し,連結タイプ（linkage type）と連結レベル（linkage level）という二次元の分類をしている。

第1の連結タイプは,組織間が非物質的で象徴的な情報（information）で連結されているか,あるいは有形の人材・金銭・製品という資源（material）で連結されているか,に関わる問題である。そしてこの次元は,①情

報タイプ，②資源タイプ，③情報とオーバーラップ・タイプの3つに区分される。また第2の連結レベルの次元でいうと，ある組織の個人が別の組織の個人と情報あるいは資源の交換を行う形態の，①個人的レベルでの連結 (personal level)，当該組織を代表する，②代表的レベルでの連結 (representative level)，そして当該組織全体の，③制度的レベルでの連結 (institutional level) の形態に分類することができる。その組織間関係の形成要因の全体的な構成を描いているのが図表13-2である[12]。

しかし，本章では企業間の取引関係へのインパクトをより明確に表すため，連結レベルの次元では個人的レベルを除いた代表的レベルと制度的レベルでの連結のみに限定することにする[13]。

また，近年では上記した類型とは別に，企業間の有効な関係性（working relationships）を重視するアプローチとして，「独立的企業」(deconstructed firms)，「付加価値創造的パートナーシップ」(value adding partnership)，「仮想的企業」(virtual corporation) などへの関心が高まっていると考えら

図表13-2 組織間関係の形成要因

連結タイプ \ 連結レベル	個人的レベル	代表的レベル	制度的レベル
情 報	(1) 個人的情報交換 ・血縁関係 ・インナー・サークル	(2) 代表的情報交換 ・兼任取締役 ・境界連結単位	(3) 制度的情報交換 ・企業間情報ネットワーク
資 源	(4) 個人的資源交換 ・政治的関与	(5) 代表的資源交換 ・企業間人材フロー ・人材中途採用	(6) 制度的資源交換 ・株式相互持ち合い ・部品相互供給

出所) Eisenberg, E.M., *et al*., 1985, p. 236.

れる (Anderson and Hakansson and Johanson, 1994)。

ここで「独立的企業」とは伝統的に重視されてきた企業内での付加価値創造的機能 (value adding functions) に焦点を当て，市場に提供するのに必要なバリュー・チェーン活動 (value chain activities) の残りの部分は協力的関係を維持している外部の企業に依存する形をいう。

そして第2の「付加的パートナーシップ」は，付加価値創造的チェーン (value-adding chain) に内在する財とサービスの流れを管理するため組織化された一種の相互独立的な企業の集団のことをいう。そして最後の「仮想的企業」は，事業の期限内で，特別な事業機会を通して組織された一時的な企業のネットワークのことをいう。[14]

2. 組織間関係の様式を決定する諸要因

組織間の関係の様式を決定する諸要因として，取引特性要因，関係特性要因，そして社会・文化的特性要因の3つを考えることができる。取引特性要因とは取引の特性が取引当事者間に影響を及ぼしうるさまざまな要因のことであり，関係特性要因とは関係特定的資産特性を通じて組織間関係に影響を及ぼす諸要因のことをいう。そして社会・文化的特性要因とは非経済的変数として社会・文化的特性が組織間関係の構造に影響を及ぼす諸要因のことを示す。

1) 取引特性要因

取引特性要因には取引費用 (transaction costs)，取引特定資産の程度があるが，これらにより企業間の取引そのものの特性が設定される。(Williamson; 1975, 1981, 1985)

まず，取引費用は産業組織論の中心概念で，契約事務など組織の間で取引が行われる際に発生するさまざまな費用のことをいう[15]。これはまた「探索費用」「切替費用」「調整費用」「信用形成費用」という4つに分けて説明することができる。探索費用は潜在的な取引先を探し出すためにかかる費用のこ

とである。また，切替費用は取引先を既存の取引先から新たなものに変えようとする際に発生する費用のことである。そして，調整費用は複数の企業を介して取引が行われるにあたって企業間で必要となる調整にかかる費用である。「仕事を始めるにあたっては役割の分担を決め，契約を結ばねばならないし，始まればオペレーションの状況を相互調整しなくてはならない。これは程度の差はあれ組織内でも必要なことであるが，組織外の主体との共同作業を行う場合に余分に必要になる費用が発生すると考えられる」[16]。信用形成費用は取引相手を信用できるか否か，確認する費用や騙されるリスクに伴う費用などのことであるが，考え方によって調整費用の一部と考えることができる。

以上のような取引費用はいかなる経緯により発生するのか。これはウィリアムソン（Williamson, O. E., 1975）が提起した「組織失敗」の枠組みのうちによく表現されている。それは市場メカニズムによって行われる諸機能が何ゆえ不完全であり，取引が市場メカニズム以外に何ゆえ内部組織で行われるのかを究明しようとしたコース（Coase, R. H., 1937）の理論に根拠を置く。コースは契約の特性を取り上げ，契約が成立する時，それぞれの取引費用が必要となる短期契約よりは，将来に対する予測のむずかしさと，取引に関わる人びとのリスクに対する態度に対応できる長期契約が望ましいと主張した[17]。このような「不確実性」（uncertainty）の問題に対応するためには，市場メカニズムより企業内取引の方が取引費用を減少させる優位性を有する。コースによって提起された企業の生成原理はさらにウィリアムソンにより体系化された。

ウィリアムソン（1975）は，組織失敗の枠組みは，基本的に不確実性と少数性（small numbers）という環境の諸要因，および「限定された合理性」（bounded rationality）と「機会主義」（opportunism）という人間的諸要因との結合から発生すると主張した。そして「不確実性」・「複雑性」と「機会主義」が絡み合って派生的に発生する「情報の偏在」（information impactedness）と，特定の取引に限定される種類の打算的な関係を助長することから生ずる「雰囲気」(atmosphere) という要素が加わる。つまり，これらの7つの諸要因がもたらす取引上の困難を抑制する点で市場メカニズムに対して内部組織が優位に立つということである。[18] 取引費用を削減するための統御機構 (governance structure) の選択について，1979年のウィリアムソンの論文以来，非常に重視されているのが取引特定資産 (physical capital of a transaction-specific kind) である。取引特定資産とは特定の使用のために，あるいは特定の使用者のために特別に投資されたり，あるいは取引の継続中に発生するものである。

ウィリアムソンは「特異性の経済学 (The Economics of Idiosyncrasy)」という表現を使いながら，取引に関する売り手 (supplier) と買い手 (buyer) との諸関係について次のように主張してしる。[19]「種々な買い手と売り手との諸関係は，買い手が契約の際，特定の物的資産に投資している売り手を誘引する最初の時に重要である。他の用途でこの資産が使用される場合は，当然，特定用途で利用される場合よりは価値が落ちるから，売り手は無視できない程度に限り，その取引に束縛される。さらに，これは買い手が他の供給源に変えることと，有利な時期にその品目を獲得することとは対称的な関係になる。なぜなら，汎用的な資産で供給される場合，費用が大きいのは推測できるからである。」[20]

しかし，汎用的な資産への投資は他の競争相手と変わらないわけではないから，差別的優位性を追求し，他の競争相手に対する参入障壁を形成するには，取引相手との間に取引特定資産を投下する必要がある。取引特定資産は，こうした参入障壁を築く効果をもつゆえに，取引当事者を双方独占に導くことになり，それによって少数主体間での取引が行われるようになる。ここで問題になるのは，取引特定資産が形成される時，取引相手の少数性から起こりやすい機会主義をいかに統制するのかである。

取引諸様式の選択が行われてからは機会主義を抑制し，企業間の利益を調

和させ，取引上の環境の変化に対応できるような，なんらかの仕組みが必要である。つまり，取引の統御機構をいかに機能させるかの問題であるが，これは取引の諸形態によって相違する。ウィリアムソン（1979）によれば，取引の諸形態は，①取引に投資が行われる程度，②取引が行われる頻度，③取引をめぐる不確実性の程度という3つの形態に分類することができる。①の取引に投資が行われる程度（取引特定資産）は，大きく分けて非特定的（nonspecific），半特定的または混合的（semi-specific or mixed），および高度に特定的または特異的（highly specific or idiosyncratic）の3つに分類され，この状態に対応して，取引は3つの形態に分類される。これは特定の目的があるゆえに他の取引に移転させるのは困難であるか，あるいは他の取引に使用する場合，非常に価値が低下する資産であるとされている。このため，取引特定資産への投資は，非常にリスクの高いものとなる。しかし汎用的な資産への投資は他の競争相手と変わらないわけであるから，差別的優位性を追求し，他の競争相手に対する参入障壁を形成するには，取引相手との間に取引当事者を双方独占に導くことになり，それによって少数主体間での取引が行われるようになる。この少数性という条件が機会主義的な行動を引き起こすことになるとされるのである。そして，こうした機会主義的な行動が引き起こされることを防ぐため信頼関係を維持しようとする統御機構が必要になる。

2）関係特性要因

　企業間関係の性格を決定する関係特性要因は，関係特定的な（relational specific）投資に関連する。各関係主体が効率性の獲得のため，関係特定的投資を行い，これらの投資は取引当事者間の継続的な相互作用を通して回収が可能であるため，関係自体が価値を有する。関係的投資はその関係内で行われる投資のことをいうが，これらの投資は一種の資産的性格をもつ。関係的特性要因には関係持続期間，資源依存的関係特性，相互作用的関係の程度などが含まれる。

まず，関係の持続期間（duration）は，関係特定的投資の内容を反映する変数として，取引が持続された年数で計算できる。これに関して浅沼(1989) は，個々のサプライヤーが中核企業（core firm）との間に有する関係の存続期間と凝集性（cohesiveness）とに関して異質性があることに注意を払った[21]。浅沼は中核企業に対して発揮しうる技術的主導権の程度から識別されるサプライヤーの諸種類に注目した。彼は中核企業が自社との取引を行っているサプライヤーに対して一般外注先と優良外注先に大きく区分するに際し，いかなる基準とプロセスで，それが行われているかについて考察した。その結果，中核企業がパフォーマンスと潜在的能力（potential capacity）という2つの基準から査定を行い，その査定に基づいて，それらの企業に対し何らかの形のランクづけを行っていることが明らかになった。しかし，このランクづけは固定的なものではなく，一定期間のパフォーマンスに対する評定（appraisal）によって絶えず変動することもありうるシステムになっている。このサプライヤーに対するランクづけは中核企業のサプライヤーに対する当該期間の注文量や数を決定する重要な意味をもつ。

関係特性要因には，さらに相互作用的関係の程度があるが，第1に取り上げた取引相手企業との持続性への期待とも関わりがある。企業間関係の形成と維持は，取引当事者間に提供できるあらゆる資源の誘引によって相互間に必要とされる資源が提供される際に持続性を持つと考えられる[22]。相互作用に関しては，部品の開発，製造，および納入に関する実物的領域の中で起こる相互作用と，価格領域の中で起こる相互作用（すなわち価格交渉）という2つの詳細な区分ができるという。浅沼は，これらの相互作用を調べると，なかには関係的技能（relational specific skill）が働いていることを明らかにした。ここで関係的技能とは，「中核企業のニーズまたは要請に対して効率的に対応して供給を行うためにサプライヤーの側に要求される技能」のことをいう。この技能はすでにサプライヤーが蓄積してきた技能と，所与の企業との反復的な取引の中で得られる学習とを通して形成される。

3）社会・文化的特性要因

　組織間関係の形成と維持は，①と②に取り上げた要因以外にも社会の行動規範を提供する社会・文化的属性の差異からも影響を受けると考えられる。[23] 社会・文化的特性要因とは，組織間の長期・継続的な取引関係が日本においては多く見られるものの，米国では頻度と緊密性という面において日本での状況より，その例が多くないことなどに根拠をもっているアプローチである。

　以上のように，組織間関係の形成・維持・変化に影響を及ぼす諸要因としては取引特性要因，関係特性要因，社会・文化的特性要因という3つが考えられる。しかし，経済のグローバル化が進展する近年の動きに焦点を当て，国別の文化や社会的な特殊性を組織間関係に重要な影響を及ぼす要因として認識するアプローチよりは，もっとも効率性の高い方向に向けて経営システムが収斂していると見る立場から，取引特性要因と関係特性要因に限定して議論を展開する。

3．組織間における取引様式の諸形態

　ここでは市場での取引と内部組織での取引を，中間組織での取引に比較することによって，組織間の取引の特徴を明らかにしたい。取引様式の諸形態（取引の調整形態）については，企業間に行われる財・サービスの取引が固定的・継続的な関係を前提とし，取引の調整が権限により組織の内部で行われるのか，参入・退出の自由を前提とし，価格メカニズムにより調整される市場において行われるのかという2つに区分された。しかし現在では市場・内部組織（internal organization）に加えて，市場でも組織内でもない，「中間組織」という概念を含めて3つの形態にまで拡大されている。[24] つまり，上記の企業間の取引関係は中間組織で行われる中間取引のことをいう。

　内部組織か市場かという選択は，取引を行う経済的制度の費用により決定され，そして，この取引をめぐる費用に注目して分析を行い，内部組織ある

いは企業間関係，市場メカニズムを理解しようする，取引費用理論によく説明されている[25]。

　ウィリアムソン（1975）によれば，内部組織か市場かという選択は，以下の要因により決定される。第1が取引の対象となる財・サービスあるいは取引費用の大小であり，第2は取引相手の少数性という環境的要因および取引主体のもつ限られた合理性と機会主義という人間的要因により決定される取引費用の大小である。そして最後に取引される財・サービスの性質あるいは取引の頻度である。

　また内部組織における取引が選択される場合は以下のようである。第1は，環境において取引に関する条件がより複雑で，主体が限られた合理性しかもたないために市場における取引費用が高くなる場合がある。つまり，財・サービスが特殊で特別の投資を必要とするような場合である。第2は，取引相手が少数しか存在せず，取引相手の機会主義的行動による損害を回避しようとする場合である。第3は，取引が継続的あるいは反復的に行われる場合である。

　そして市場における取引が選択される場合は以下の3つの場合である。①1回ないし数回限り，または取引される頻度の少ない取引，②取引相手が多数存在する場合，③標準化され大量生産が可能で頻繁に取引されるような汎用性のある財・サービスの取引の場合である。

　内部組織（企業）と市場とは取引を行う制度として代替的な関係にあり，広い意味の市場の失敗が生じるところでは，取引は企業組織の中に内部化されてゆく。他方，企業組織もまた内部組織に固有な原因（たとえば，官僚制化の傾向）に基づいて失敗する傾向がある。したがって，企業の内部組織と市場との中間に，企業の内部でもあり外部でもある中間組織が求められる理由がある。中間組織という場における取引の決定原則は，①意思決定の原則として「価格を主なシグナルとする利己的な利益」と「共同利益の最大化のための権限による命令あるいは受容」の結合によって形成された原理と，

② メンバーシップ原則として「自由な参入」と「固定的,継続的関係」結合の原理によって形成された原理によって成り立つ。中間組織の内部で行われる取引もまた市場取引とも組織内取引とも異なる独特な形として行われる,いわば「中間取引」である。

しかし,そのような中間取引の場としての中間組織が安定的に働くためには,市場取引の長所と組織内取引の長所がうまく絡み合わされ,そして市場取引の欠陥と組織内取引の欠陥が適切に「中和」される時のみを前提にしている。中間組織が安定的存在であるためのもっとも重要な問題は,最終的な権限の持ち主を明示的にもたない企業グループが,メンバー間で発生しうるさまざまな紛争をいかに解決するか,ということである。

また中間組織の問題点として「閉鎖性」と「抑圧性」が取り上げられる。ここで閉鎖性とは,「参入障壁としての系列取引」といった表現で表される,従来の取引相手ばかりと行われ,新規参入がむずかしい状態を示しており,抑圧性とは,系列などでの取引の一方が,他方に対して優越的な立場を利用して抑圧的にふるまい,しばしば「搾取をする」といわれている現象を示す。このことに対して伊丹（1993）は,市場取引・組織取引・中間取引などといった取引諸形態の区分の基準として,取引参加集団の「メンバーシップの原則」と,取引参加者各人の取引の内容などにかかわる「意思決定の原則」という2つの側面を取り上げ,中間組織の合理性の裏側にある中間組織の副作用として閉鎖性と抑圧性を取り扱っている。つまり,長期的・継続的な取引の維持を狙いとするメンバーシップ原則の裏側には閉鎖性がある。そして内部組織での権限のような明確な調整機構がないため,メンバー間の利益の調整を行うことを狙いとする意思決定の原則の裏側には抑圧性が存在する。伊丹は,米国の取引は代替的に市場的であり,日本の取引は中間的な取引の形をとっていると主張している。したがって,より市場的である米国と,より中間的な取引の形をとっている日本とのインターフェイスで摩擦が起こっているという。

注)

1) Gomes-Cassers, B. *Alliance Revolution*, Harvard University Press, 1996, pp.202-215.
2) 現代企業研究会編『日本の企業間関係』中央経済社，1994年，76-83ページ
   なお，山倉健嗣 (1993) は，組織間関係論の歴史は，組織間関係についてのものの考え方ともいうべき「パースペクティブ」の変遷史であると主張しながら，資源依存パースペクティブ，組織セットパースペクティブ，協同戦略パースペクティブ，制度化パースペクティブ，取引コストパースペクティブに区分している（山倉健嗣『組織間関係』有斐閣，1993年，33-62ページ）。
3) Aldrich, H.E., and Whetten, D.A. "Organization-Sets, Action-Sets, and Networks: Making the Most of Simplicity," in *Handbook of Organizational Design*, Vol. 1 edited by P.C. Nystrom and W.H. Starbuck, 1981, pp. 385-408, Oxford University Press, New York.
   浅沼萬里『日本の企業組織 革新的適応メカニズム』東洋経済新報社，1997年，156ページ
4) 今井賢一『情報ネットワーク社会』岩波書店，1984年，203-204ページ
5) 市場原理と組織原理の相互浸透や中間組織についての議論は，伊丹敬之・加護野忠男・伊藤元重編『企業と市場』有斐閣，1993年を参照。
6) Grandori, A., *Perspectives on Organization Theory*, Ballinger Publishing Company, 1987, pp.166-167. 佐々木利廣『現代組織の構図と戦略』中央経済社，1990年，1ページ
7) Williamson, O.E., *Markets and Hierarchies*, Free Press, 1975, pp.133-134. （浅沼萬里・岩崎晃訳『市場と企業組織』日本評論社，1980年，223-224ページ）
8) Williamson, O.E., ibid., pp. 133-134.
   浅沼萬里・岩崎晃訳，同上書，223-224ページ。
9) 鳥田克美『企業間システム』日本経済評論社，1997年，241-273ページ
10) 佐々木利廣 (1990)，前掲書，4-7ページ
11) Einsberg は資源を resource ではなく，material と表現した理由として，情報的資源など情報を資源の一つと考えることからの混乱を回避するためであるといっている。(出所：Eisenberg, E.M. *et al*. (1985), ibid., p.236.)
12) 組織間の連結に表すものとして，グラフ理論という現代数学理論を取り入れてさまざまな人間関係や社会関係の構造を解明した社会ネットワーク分析 (social network analysis) があげられる。すなわち，連結主体を「点」に表し，その連結主体間の関係を「線」に描く方法をとっている。「点」として表

している連結主体を企業組織に適用すると，企業間関係を分析できる有効なツールになると考える（参照：現代企業研究会編（1994），前掲書，90-111ページ）。

13) 情報化の進展が代表的レベルと制度的レベル以外の範囲まで影響を及ぼさないことを意味するものではないが，本論文が達成しようとする目的をより効率的に表すために，簡単なモデルとする。

14) Anderson, J.C. Hakansson, H. and Johanson, J., "Dyadic Business Relationships Within a Business Network Context," *Journal of Marketing*, Vol. 58, Octorber, 1994, pp.1-15.

15) 取引費用に関しては，以下を参照。
井上薫『現代企業の基礎理論』千倉書房，1994年，46-50ページ
国領二郎『オープン・ネットワーク経営』日本経済新聞社，1995年，65-69ページ。Williamson, O.E., *Economic Organization ; Firms Market Policy Control*, Wheasheaf Books, 1986.（井上薫・中田善啓訳『エコノミックオーガナイゼーション』晃洋書房，1989年，175-186ページ）

16) 国領二郎，同上書，1995年，67ページ

17) Coase, R.H., *The Firm and The Market, and The Law*, The University of Chicago Press, 1988, pp.33-55.

18) Williamson, O.E., ibid., 1975, pp. 20-40.（浅沼萬里・岩崎晃訳，前掲書，35-65ページ）

19) Williamson, O.E., "The Transaction Cost Economics : The Governance of Contractual Relations", *The Journal of Law and Economics*, October 22, 1979, pp.239-242. 井上薫，前掲書，72-76ページ

20) Williamson, O.E., ibid., 1979, p. 240. 井上薫，前掲書，1994年，85-86ページ。

21) Asanuma, B. "Manufacture-Supplier Relationships in Japan and the Concept of Relation-Specific Skill," *Journal of the Japanese and International Economies* 3, 1989 pp. 1-30. 浅沼萬里，前掲書，1997年，216-218ページ

22) Harrigan, K.R. and William, H.N., "Bases of Interorganization Co-operation : Propensity, Power, Persistence", *Journal of Management Studies*, Vol. 27, No.4, July, 1990, pp. 417-434.

23) Haugland, S.A., "The Governance of International Buyer-Seller Relationships," Marketing Theory and Applications, AMA Winter Educator' Conference, 1990, pp. 205-211.

24) Williamson, O.E. ibid., 1975, p. 247, 253. 今井賢一・伊丹敬也・小池和夫『内部組織の経済学』東洋経済新報社，1982年，126ページ

25) 取引費用理論は，Coase（1937）によりそのベースとなるものが提示された。そして，この後1970年代に入って，Alchian and Demsetz（1972），Arrow（1974）により新たな分析の枠組みが提示され，Williamson（1975）によって体系化された。
26) 青木昌彦・伊丹敬之『企業の経済学』岩波書店，1985年，103ページ
27) 閉鎖性に関しては，日米貿易摩擦の原因となったが，日米両国の異なる認識を具体的に示したのが以下のものである。
中村瑞穂「企業集団の構造」『明大商学論叢』第76巻第2号，明治大学商学研究所，1994年，85-90ページ
28) 伊丹敬之「中間組織のジレンマ」『ビジネスレビュー』Vol. 39, No.4, 一橋大学経営研究所，1993年，49-51ページ

▶学習の課題
1 組織間関係を形成する要因について述べなさい。
2 組織間関係の様式を決定する3つの要因について述べなさい。

◆参考文献
今井賢一・伊丹敬也・小池和夫『内部組織の経済学』東洋経済新報社，1982年
井上薫『現代企業の基礎理論』千倉書房，1994年
山倉健嗣『組織間関係』有斐閣，1993年
Williamson, O.E., *Markets and Hierarchies*, Free Press, 1975, pp.133-134.（浅沼萬里・岩崎晃訳『市場と企業組織』日本評論社，1980年）
Grandori, A., *Perspectives on Organization Theory*, Ballinger Publishing Company, 1987.
Eisenberg, E.M., *et al.*, "Communication Linking in Inter-organizational System: Review and Synthesis," in B.Dervin and M.J.Voigt (eds.), *Progress in Communication Science*, Vol.6, Ablex Publishing Corporation, 1985.
Williamson, O.E., "The Transaction Cost Economics: The Governance of Contractual Relations," *The Journal of Law and Economics*, October 22, 1979, pp.239-242.

●第14章のポイント

■新しい組織論の動向の1つと考えられるポストモダン組織論の前提であるポストモダンの思想を理解する。

■ポストモダン組織論とモダン組織論の違いを理解する。

■そもそも経営組織論とは何をすべき学問なのかあらためて考えてみる。

◇ 基本用語

【パラダイム】　科学史家クーン（Kuhn, T.）が示した概念。特定の科学者集団（本論の場合，組織論研究者）が科学（本論の場合，組織研究を）するにあたり，採用する一般的な理論的前提とそれらの応用のための技術のこと。科学の方法に対する考え方，ものの見方。

【共約不可能性】　異なるパラダイムに則った理論を同じ基準，共通の尺度で比較し優劣を決めたり，また両立させたりすることはできないとするクーンの概念。

【主観主義】　現実についての認識あるいは知識は，行為者が自身の主観的な経験などを通じて（学者によっては，それのみによって）得られると考える立場。

【客観主義】　現実は，行為者の主観によって決められるではなく，それを超えて客観的な現実が存在すると考える立場。

【定性的研究】　事例調査や参与（参加）観察，インタビューなどを通じて得られた量や数値では表せないデータ（質的データ）を元に対象となる事象を理解・分析する研究手法。

第14章　新しい組織理論の動向について
——ポストモダンの組織論を中心に——

　第11章ですでに検討したが，組織文化ブームが一段落した1980年代後半，組織文化論の領域では，従来のそれとは異質な組織文化論が台頭してきた。それと時期を同じくして，組織文化論のみならず組織論全体においてもこれまでの組織論とは科学的な方法に関する考え方，いわゆるパラダイム（paradigm）のレベルからして異なる立場に立つ理論が注目を浴びるようになってきた。シンボリック—解釈主義の組織論（symbolic interpretive organization theory），ポストモダンの組織論（postmodern organization theory）がそれである。これら新しい組織論は，「組織目的の効果的，効率的達成のための組織づくり」を目指す従来の「マネジメント重視の組織論」とはその目的を異にするようだ。本章では，この新しい組織論の流れを「ポストモダンの組織論」を中心に検討していきたいと思う。

1. モダンの組織論からポストモダンの組織論へ

　第11章では，組織文化論における機能主義からシンボリック—解釈主義への流れを述べたが，本節では，組織文化論を含んだ組織論全体における機能主義（functionalism）（これまでの組織論の中心で，後述するがモダン（modern）の組織論とも呼ばれている），シンボリック—解釈主義，そしてポストモダンへという流れを検討していくことにする。

(1) 組織分析のための社会科学のパラダイム

　これから本章では，科学的な方法に関する考え方や立場の異なる3つの組織論を検討していくわけだが，本項ではその前提としてバーレルとモーガン（Burrell, G. and Morgan, G.）が提案し，シンボリック—解釈主義やポストモダンの組織論を議論するにあたり広く用いられている組織分析における4つ

のパラダイムについてみていくことにしよう。ここで言うパラダイムは，組織を研究する上で前提となるものの考え方，捉え方・主義のことである。バーレルとモーガンは，その主義が4つあり，すべての組織論はこのうちのいずれかに属すると考えている。

彼らは，科学の性質に関する「主観―客観」次元（図表14-1）と社会の性質に関する「レギュレーション（社会の統一性や凝集性に焦点）―ラディカル・チェンジ（社会の急進的変動や構造的コンフリクトに焦点）」次元という2つの次元の組み合わせから，図表14-2のような4つの独自のパラダイムを規定した。本章で議論する3つの組織論の流れのうち，機能主義組織論は「機能主義者」パラダイム，シンボリック-解釈主義組織論は「解釈」パラダイムにそれぞれ当てはまる。ポストモダンの組織論については，4つのパラダイムのいずれか一つにあてはめるということはできないのだが，詳しくは後述することにする。

図表14-1　社会科学の性質に関する諸仮定を分析するための図式

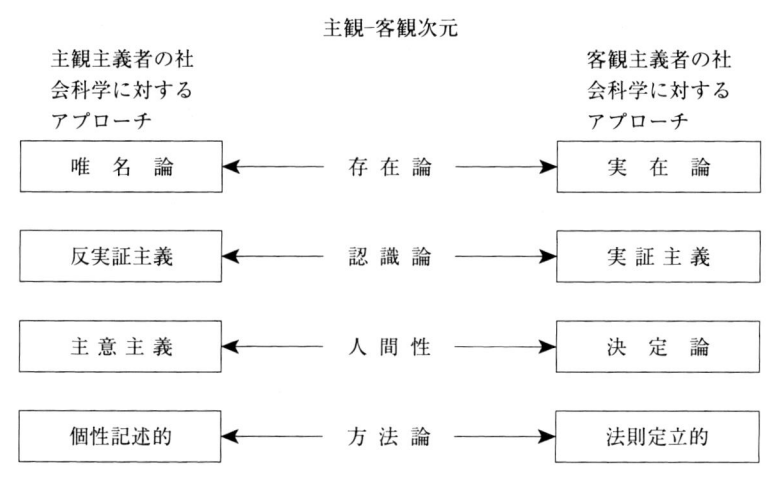

主観-客観次元

主観主義者の社会科学に対するアプローチ		客観主義者の社会科学に対するアプローチ
唯名論	←── 存 在 論 ──→	実 在 論
反実証主義	←── 認 識 論 ──→	実 証 主 義
主意主義	←── 人 間 性 ──→	決 定 論
個性記述的	←── 方 法 論 ──→	法則定立的

出所）Burrell, G. and Morgan, G., *Sociological Paradigms and Organizational Analysis,* Heinemann, 1979.（鎌田伸一・金井一頼・野中郁次郎訳『組織理論のパラダイム―機能主義の分析枠組―』千倉書房，1986年，6ページ）

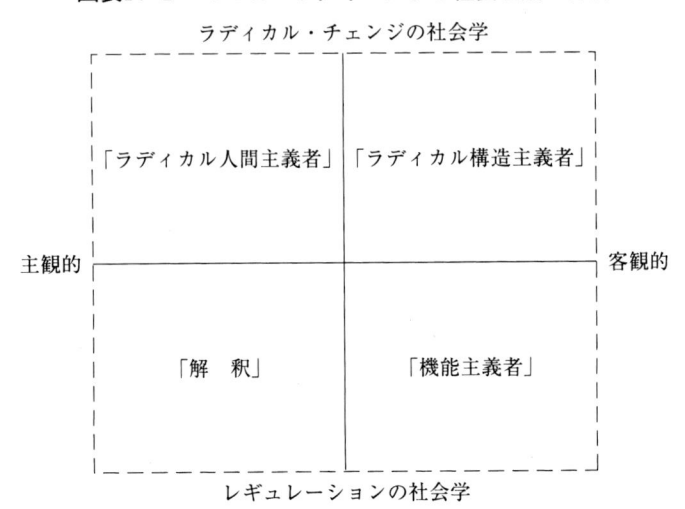

図表14-2　4つのパラダイムによる社会理論の分析

```
                  ラディカル・チェンジの社会学
        ┌─────────────────┬─────────────────┐
        │                 │                 │
        │「ラディカル人間主義者」│「ラディカル構造主義者」│
        │                 │                 │
  主観的 ├─────────────────┼─────────────────┤ 客観的
        │                 │                 │
        │   「解　釈」    │  「機能主義者」  │
        │                 │                 │
        └─────────────────┴─────────────────┘
                  レギュレーションの社会学
```

出所）Burrell, G. and Morgan, G., *Sociological Paradigms and Organizational Analysis,* Heinemann, 1979.（鎌田伸一・金井一頼・野中郁次郎訳『組織理論のパラダイム―機能主義の分析枠組―』千倉書房，1986年，28ページ）

　さて，ここでは，次項で取り上げる機能主義とシンボリック―解釈主義の2つの組織論の土台となる2つのパラダイムについて説明しよう。

　まず，機能主義者パラダイムは，バーレルとモーガンによれば，これまでの組織論の研究に対して中心的な枠組みを提示してきたパラダイムである。同パラダイムは，科学に対して客観主義的（実在論，実証主義，決定論，法則定立的）な立場を取り，社会や組織の秩序，均衡，安定性を重視し，そのための合理的で実践的なコントロール，問題解決手法の提案を志向するパラダイムである。

　次に，解釈パラダイムは，科学に対して主観主義的（唯名論，反実証主義，主意主義，個性記述的）な立場を取り，社会や組織の個人によって創り上げられていく創発的な形成の過程を重視し，その過程や創り上げられた現実の基底にある意味を個人的意識や主観性の領域から理解・説明しようと志

向するパラダイムである。

(2) 機能主義組織論からシンボリック―解釈主義組織論へ

さて，前項では組織理論の依拠する社会科学の4つのパラダイム，なかでも機能主義者パラダイムと解釈パラダイムについて説明したが，本項では，その2つのパラダイムに依拠する2つの組織論の特徴を，機能主義組織論（モダンの組織論）からシンボリック―解釈主義組織論へという流れとともに説明していきたい。そしてさらに，それら既存のパラダイムを越えた新しいパラダイム，加えてそれに基づく新しい組織論をつくり出そうというポストモダンの流れについて検討していきたい。

1）機能主義組織論

組織論にあってこの機能主義者パラダイムに当てはまるものとして，科学的管理法をはじめとする伝統的組織論，人間関係論，近代的組織論，コンティンジェンシー理論などがあげられる。これらは一括りに機能主義的組織論と呼ばれ，また，これまでのモダンの世界（詳しくは後述）においてもっとも支配的な理論であったことからモダン組織論とも呼ばれている。また，ハッチ（Hatch,M.）のようにサイモン（Simon, H.）以降の組織論を指してモダンの組織論と呼ぶ研究者もいる。第11章でも組織文化論を通じて若干説明したが，この機能主義組織論とは，組織目的を合理的，能率的に達成し組織の維持存続を可能にするために，組織を客観的に観察・調査し，その構成要素間の規則性や因果関係性を明らかにすることを通して組織現象を説明したり予測したり，あるいは組織を統制したりする合理的で実践的なツールを提案する組織論である。

ここから察しがつくように，従来の組織論のほとんどが機能主義組織論（モダン組織論）であるのだが，ただし，機能主義組織論が万能であるというわけでなく，それは同時に多くの問題も抱えている。たとえば，第11章でも指摘したが，機能主義は，マネジメント志向が強く，そこから組織のため

の組織文化，組織のための個人という，いわば，全体主義的志向に陥りやすい欠点をもつ。また，客観主義という科学に対する立場への懐疑もある。その懐疑とは，客観主義が当然とする前提（研究者の主観を廃し，組織を客観的に測定・分析すること，またそこから規則性を明らかにすること）が果たして本当に可能か否かという疑いである。

2）シンボリック—解釈主義組織論

このような機能主義への批判とともに登場したのが，シンボリック—解釈主義の組織論である。第11章で組織文化論を通じて説明したように，シンボリック—解釈主義は，組織の機能性，つまり客観的観察から導かれる規則性に基づいて組織の維持存続に有効なツールを求めるのではなく，組織の現実（組織内で起きるさまざまな出来事や組織構成員の言動など）がどのように社会的に構成されていくのか（いかに構成員たちによって解釈し意味づけられていくのか），そのプロセスを明らかにすることを目的とする組織論である。つまり，組織における構成員たちの生をみつめようとする研究である。そして，それをエスノグラフィなどの定性的研究を通して，観察者としてではなく，一参加者として組織的現実の構成のプロセスに関与することで行おうとする点もシンボリック—解釈主義組織論の大きな特徴である。

また，ハッチによれば，そのシンボリック—解釈主義の組織論においては，「イナクトメント（enactment）」と「現実の社会的構成（social construction of reality）」という2つの概念が非常に重要であるとされている。以下，それぞれについて若干の説明を加えておこう。

まず「イナクトメント」とは，社会心理学者のワイク（Weick, K.E.）の提示する組織的現実の主観的，主体的な起源に焦点を当てる概念であり，組織あるいは個人が自らの行動や言明などを通じて，自らをとりまく環境や状況の一部をリアルなものとして自ら生み出していく過程を指す。また，それはワイクのいう組織化のプロセスの重要な要素の一つである。

次に，「現実の社会的構成」は，バーガーとルックマン（Berger, P. and

Luckmann, T.) によってもっとも力強く議論された概念である。それによると社会的現実は，共有された歴史や経験によって築き上げられる暗黙の了解と人間相互間の交渉を通じてつくられるものであり，またその社会的現実は，彼らが依拠する意味や事物が知覚される方法に関する合意（少なくとも部分的な合意）によって維持されるものである。そして，いつしかその社会的現実がそれを作り出した交渉や了解からはなれて存在するようになり，逆に人びとの知識や行為を作り出していくというのである。

この2つの概念は，シンボリック-解釈主義者の問題意識をうまく現実事象へと結びつける役割を果たしており，同主義者の多くがこれらを議論の基礎に据えている。

さて，シンボリック―解釈主義の組織論とは，以上のような組織論であるが，この理論もまたいくつかの問題を抱えている。たとえば，シンボリック―解釈主義は，機能主義とは正反対にマネジメント志向が非常に希薄であるという欠点をもつ。また，シンボリック―解釈主義のみならず，機能主義の組織論にもいえることだが，今日，組織とそれを取り巻く現実は，非常に複雑であり，一つのパラダイムだけから全ての側面を照射できるほど単純ではない。それゆえ一つのパラダイムにのみ依拠する組織論では見逃してしまう大切な側面が多々出てくるのではないかという問題である。

(3) 既存パラダイムの超越？――ポストモダンへ

前項の最後に示した問題を解決する一つの方策として，マルチプルパラダイム（multiple paradigms）論がある。たとえば，シュルツとハッチ（Schultz, M. & Hatch, M.）は，パラダイム間の共約不可能性（incommensurability）を認めず，パラダイム間の共通点と差異をうまく橋渡ししてやることで，パラダイムを交配させる（paradigms-crossing）というやり方を提示している。またたとえば，今田高俊は，科学方法論の変換理性という科学の方法手続きの自由な組換えを提案している。このように多元的なパラダイム

をうまく使い分けたり，組み合わせたりすることで，現実の多面的本質をとらえる豊穣な理論の構築を目指す動きが近年現れている。

この後に検討するポストモダンの組織論も既存の科学的知を再考し，新たな知のあり方を再構築しようと考えているという意味では，このマルチプルパラダイム論と同様の考えにあるようにも思える。

さて，次節からは，そのポストモダン組織論をシンボリック─解釈主義に続く，組織論の新しい潮流として検討していくことにしよう。

2. ポストモダンの組織論

(1) ポストモダンとは？

まずは，ポストモダンの組織論を検討する前に，「モダン」および「ポストモダン」とはいったい何なのかについて考えてみることにしよう。

1) モダンとは？

第1次世界大戦後のファシズムの台頭，第2次世界大戦後の冷戦構造下でのベトナム戦争におけるアメリカの失敗，南北問題，ベルリンの壁の崩壊，ソ連邦の崩壊による冷戦構造の終結。友枝敏雄によれば，20世紀に入って起こったこれらの出来事は，それまで欧米が中心となって築きあげてきた個人主義，民主主義，産業主義を中核とした世界を揺るがした。

近代啓蒙主義以降，上述のような揺らぎが起こる前までにヨーロッパとアメリカが中心になって築きあげてきた社会における知の状況を「モダン」と呼ぶ。リオタール（Lyotard, J.-F.）によれば，このモダンの社会は，「大きな物語」に依拠した（正当化のためにそれに準拠した）科学的知によって支えられた社会である。リオタールによれば，このモダン社会を支える「大きな物語」とは，「《精神》の弁証法，意味の解釈学，理性的人間あるいは労働者としての主体性の解放，富の発展」[1]のことを指す。三上剛史の言葉を借りてもう少し平易な言い方をすれば，それは，「社会と人間の進歩・発展，理性的人間としての主体の自由と解放，富の蓄積と経済発展に対する信頼」[2]な

どである。つまり，大きな物語とは，「理性的で自律的な主体が合意によって心理と正義を共有しあい，進歩思想を核とする歴史的志向性と功利主義的態度によって社会を運営し，結果として社会の進歩と人間の幸福が実現される[3)]」とする物語である。モダンの社会は，この大きな物語を普遍の価値と考え，これによって正当化された科学的知によってこれまで支えられてきたのである。また，ここで科学といわれているものは，リオタールによれば，19世紀において検証主義そして20世紀において反証主義といった方法をとる，つまり図表14-1で示した「実証主義」的立場（構成要素間の規則性や因果関係性を探求することにより社会的世界で起きる出来事の説明や予測をしようとする立場）をとるとされる。このことから，モダンにおける科学は，バーレルとモーガンの類型でいくところの客観主義的な立場をとっていると考えられよう。さらに，リオタールは，モダンの社会のとらえ方として，社会は機能的な一つの全体を形成しているとする，機能主義的とらえ方（機能主義社会理論）と，社会は2つに分断されているとする，マルクス主義的とらえ方（マルクス主義社会理論）の2つを提示している。組織論の領域では，機能主義がこれまでもっとも支配的であったことから，特に機能主義組織論をもってモダンの組織論と呼ぶことが多い。

2）ポストモダンとは？

しかし，近年，本項冒頭で示したような社会状況が大きな物語に対する正当性を喪失させ，さらに科学と結びついて社会の進歩や経済の発展を引っ張ってきた「技術」という知が大きな物語にとって代わる社会の価値として「遂行性」や「効率」を提供するようになってきた。それによって，今日の社会は，「真理」や「自由」に代わって「効率」が現実を正当化する価値とされる社会になっている。このような状況下で，人びとは，大きな物語および既存科学に対する不信感を募らせ，それらを拒否し，大きな物語に正当性を求めない新たな知のあり方を探求するようになった。「大きな物語」が正当性を喪失（大きな物語の崩壊）し，「効率」が現実，さらに翻って科学を

正当化する価値の代替となろうとする中で，それらを拒否し，新たな知のあり方，科学のあり方を求めていこうとするこのような社会における知の現状をリオタールは，「ポストモダン」と呼んだ。

(2) ポストモダンの組織論[4]

1) ポストモダン的状況における知のあり方

ポストモダン的状況における知のあり方として次の3つを特徴としてあげることができる。

① 反基礎づけ主義

上述したようなポストモダン的状況では，そのモダンからの経緯により科学に価値を与え正当化しようとするもの（「大きな物語」）への不信感がある。このように言説を成り立たせる基盤の妥当性に疑いを差し挟み，その基盤の真理性を保証するものを問いただすという基本的にネガティヴな哲学のスタイルを「反基礎づけ主義（antifoundationalism）」といい，それはポストモダンにおける最も基本的な考え方である。

② 既存の科学への懐疑。特に客観主義および機能主義組織論批判

また，ポストモダン的状況では，モダンの大きな物語への不信感と同時にモダンの科学への不信感がある。つまり，バーレルとモーガンの区分でいうところの客観主義への不信感があるということである。加えて組織論にあっては，モダンの組織論つまり機能主義組織論が不信感をもたれており，批判の的になっている。さらには，ポストモダンは，客観主義，機能主義にとどまらず，主観主義，解釈主義を含む既存の科学およびパラダイムの示す枠組みにこだわらない，それらを超えた新しい知を求めようとしている。

③ ポストモダン科学——大きな物語から小さな物語へ

ポストモダン時代の科学は，上述したようなモダンの「大きな物語」や「効率」の基準などではなく，知のもつ創造性を正当化の基準とし，既知のものよりむしろ未知のものを探そうと努め，問題を解決することよりは局所

的でも未知の領域を明らかにすることに強く関心をもつ科学であるとされている。リオタールは，主著の中で，たとえば，カタストロフィー論，カオス理論など複雑系（Complex System）と呼ばれる理論を小さな物語の代表例としてあげている。

　シム（Sim, S.）によれば，以上のような反基礎づけ主義に則り，モダンの知を疑い，局所的でも未知の領域を切り開いていこうという知への姿勢は，ポストモダン的状況にある今日，科学あるいは哲学の領域のみならず，芸術や文化，政治など社会のあらゆる活動の中にみることができる。

　さて，では以上のような知の特徴をもったポストモダン的状況にあって，他と同じようにモダンへの懐疑から生まれたポストモダンの「組織論」はいかなる特徴をもっているのであろうか。次からみていくことにしよう。

　2）ポストモダン組織論の基礎

　ハザード（Hassard, J.）やハッチによれば，ポストモダンの組織論には，以下のような特徴がある。

　① 哲学的スタンス―反基礎づけ主義

　前項①で検討したポストモダン全体のそれと同じように，ポストモダンの組織論においてもその根本に反基礎づけ主義という考え方がある。また，とりわけ機能主義組織論に対する懐疑的視点から議論がなされることが多い。

　② 組織論のとらえ方―コラージュのメタファー

　ポストモダンの組織論では，組織論をコラージュ（既成の写真やイラスト，ないしはその一部切抜きを一つの画面に複数貼り合わせ，一つの新しい作品を作るアートの形式）としてとらえる。このコラージュを組織論のメタファー（隠喩）とするポストモダンにあって組織論者の創作活動は，既存のパラダイムを超え，既成の諸理論（ないし知識や見解）の部分を複数用いて特定の環境に利用価値のある新しい組織理論を形成することとなる。

　③ ポストモダン組織論の研究スタンス―脱構築（deconstruction）

　脱構築とは，テクストの中に潜む価値のヒエラルキーをもった二項対立を

暴き，転倒させ，除去する，そしてそのテクストの論理を支持できないものとするといったような，つまり，問題の対象となるものの構造を分析・解体し，その対象の中で抑圧されている矛盾や問題を露出させ，その対象を再び組立て直すことを指す。シムによれば，たとえば「秩序」という概念をそれに対立する「混沌」よりも高く価値づけた「二項対立」の精神には，ヒエラルキー構造が潜在的に存在すると考えられる。また，ハッチによれば，組織におけるパワーは，モダンの組織論者にあっては，マネジャーが組織の運営にあたり合理的な技術を使う限りにおいて組織や社会に利益を与えることができるものであるととらえるが，ポストモダンの組織論者たちは，それが実際には単にマネジャーや資本家の支配を再生産するために機能するにすぎないものであることを明らかにする。このように脱構築は，人びとが当たり前だと思っている世界に対するオルタナティヴ（代替案）を創造する方法であり，ポストモダンの組織論者の用いるそれは，モダンの組織論の内に潜む矛盾や問題点を明るみに出し，その代替案を創造する方法であるといえる。

　また，このほかにも，ポストモダンの組織論を彩るキーワードとして，表象（representation），書記（writing），差延（différance），再帰性（reflexivity），主体の脱中心化（de-centring the subject），リゾーム（rhizome）などがあげられる。

　3）ポストモダンの組織論あれこれ
　次にポストモダンの組織論の例をいくつか紹介することにしよう。
　①　複雑系組織論
　上述したようにリオタールによれば，複雑系と呼ばれる科学は，ポストモダン科学の一つである。それゆえ，複雑系の組織論もポストモダンの一つとして考えることができよう。複雑系の組織論とは，組織および組織の置かれた状況を複雑系としてとらえ，その特性や動きのメカニズムを明らかにし，ときにはそれをいかに制御しようかを考える組織論である。たとえば，ゲームの理論で有名なアクセルロッド（Axeltod, R.）は，意思決定のゴミ箱モデ

ルのコーエン（Cohen, M.）らとともに複雑系組織論を展開している。彼らは，コンピュータ・シミュレーションなどを通して，多様な特質をもつエージェント（行為主体）と彼らの用いる多様な戦略が他のエージェントや外部環境とどのように複雑に相互作用し，淘汰され，その結果，システムレベル（組織レベル）でどのような思いも寄らない創発的な特性が生じるのかを明らかにしようとしている。

② 社会構成主義の組織論

社会構成主義の組織論とは，ポストモダンやポスト構造主義などの知のとらえ方（反基礎づけ主義や既存科学への懐疑，脱構築など）を根底に据えつつ，前述したシンボリック―解釈主義の特徴であった「現実の社会的構成」概念を用いることで組織的現実の構成を明らかにする組織論である。もう少し説明を加えるならば，同論は，組織的現実に係わる人びとの会話や語り，言語といったものの分析を通じて，その形成過程や意味，あるいはそこに潜む権力性を明らかにしようとする組織論である。また，社会構成主義は，組織論のみならず，社会問題研究や教育学研究，法律研究，社会心理学や精神医学など幅広い分野で用いられている。

③ フーコーの所論を応用する組織論

ポストモダン組織論を調べていくと，現代組織における監視とコントロールの分析手段としてフーコー（Foucault, M.）の所論を利用する組織論が数多くあることに気づく。たとえば，スウェルとウィルキンス（Sewell, G. & Wilkinson, B.）は，ジャスト・イン・タイム（just in time/JIT）および総合的品質管理（total quality control/TQC）といった，現在広く用いられている生産管理体制の成功要因をフーコー組織論から読み解いている。彼らによれば，JITおよびTQC（以下，JIT/TQCと略記）は，共にその性格上，リスクを伴う。それは，従業員たちの機会主義的なサボタージュや分裂，責任回避などである。しかし，優れた組織は，このリスクを最小限に抑え，個々が責任をもって，さらには創造性を最大限に発揮するような状況をつくってい

る。彼らは，JIT/TQCがうまくいっている組織では，規律（discipline）と監視（surveillance）によってこの管理体制に潜むリスクをうまく最小化しているというのである。もう少し具体的に述べるならば，つまり，①リーダーが作業チームの自己規律の推進力の支柱として行動することで作業チーム内での人間関係のダイナミクス（お互いの監視）から生じる強い規律とその規律を守る風土（climate）をつくること，②生産現場と販売現場を情報システムで結び，いわゆる「トレイサビリティ（traceability）（追跡可能性）」を可能にすることで厳しい消費者の監視の目が生産現場に持ち込まれ，実際に見られているか否かは別にして，それにより従業員が自己監視するようになること（パノプティコン（panopticon）的な監視）の2つを利用することで，JIT/TQCは成功するというのである。ただし，彼らによれば，JIT/TQCの成功は，同時に組織内での既存の知識およびパワーのバランスの変化や強化を導いてもいるのである。ポストモダン組織論では，考古学（archaeology）や系譜学（genealogy）といったフーコーの懐疑主義的な知の方法論に基づいて，上述した規律，監視，パノプティコン，知と権力といった概念を用い，社会秩序の形成・浸透の過程やその裏側に潜む権力性を明らかにしようとしている。

④ 新時代という意味での「ポスト」モダンにおける組織

ポストモダンの組織論の中には，「ポストモダン」という言葉を「現代に続く次なる時代」という意味で扱う組織論も存在し，それらの組織論は，次世代組織の形態的特徴を議論する。たとえば，クーパーとバレル（Cooper, R. and Burell, G.）は，ポストモダンの組織をコントロール重視のモダンの組織形態とは異なる，自己参照的で外部からのコントロールとは無関係に自律的に行為するオートノミーモデル（autonomy model）としてとらえている。また，ハザードによれば，ポストモダンの組織は，高度に分化されたモダンの官僚制とは異なり，脱分化された形態をとり，柔軟な専門化（flexible specialization）とポストフォーディズム（post-fordism）を反映した特性をもっ

ている。

　これらの他にも組織における情報システムやフェミニズムに関する研究などがポストモダンの組織論あるいは経営学（postmodern management theory）として数多く議論されているのだが，それらについての検討はまた別の機会に譲ることにしたい。

3．結びにかえて

　本章では，「新しい組織理論の動向について」というテーマに応えるため，ポストモダンの組織論について検討してきた。それによると，ポストモダンの組織論は，既存の科学のあり方，組織論（特に機能主義組織論）のあり方に疑いの目を向け，それに変わる新しい知のあり方，組織論のあり方を目指していた。しかし，同時にその反基礎づけ主義的，懐疑主義的立場が，ポストモダンの批判の的にもなっている（たとえば，ハーバーマス（Harbermas, J.），ギデンズ（Giddens, A.），イーグルトン（Eagleton, T.）など）。それゆえ，ポストモダンの組織論を手放しで評価するわけにはいきそうにないが，それでも，それは組織の今まで看過してきた側面を明らかにする新しい眼鏡であることには違いないであろう。より詳細な検討が必要であることは間違いないが，ポストモダンの組織論は，大変興味深い組織論の新しい動向の一つである。

　注）
1) Lyotard, J.-F., *La condition postmoderne*, Les editions de Minuit, 1979（小林康夫訳『ポストモダンの条件－知・社会・言語ゲーム』水声社，1986年，8ページ）
2) 碓井崧・丸山哲央・大野道邦・橋本和幸編著『社会学の理論』有斐閣，2000年，360ページ
3) 同上書，360ページ
4) ただし，ポストモダンおよびポストモダンの組織論と名づけられたアイデアは，実際のところあまりに多様で，それらを包括的に要約することは非常

に困難であるし、またポストモダンはそうすることを良しとはしないであろう。それゆえ、ここであげられたアイデアがすべてではない。

▶学習の課題

1 モダンの思想とその時代の組織（特に企業組織）が現代社会にどんな弊害をもたらしているか考えてみよう。

2 モダンの次の時代という意味でのポストモダンにおいて望まれるべき組織形態にあてはまる実際の企業組織のケースを探してみよう。

◆参考文献

Burrell, G. and Morgan, G., *Sociological Paradigms and Organizational Analysis*, Heinemann, 1979.（鎌田伸一・金井一頼・野中郁次郎訳『組織理論のパラダイム―機能主義の分析枠組―』千倉書房，1986年）

Calas, M. and Smircich, L. (ed.), *Postmodern Management Theory*, Ashgate publishing Company, 1997.

Lyotard, J.-F., *La condition postmoderne,* Les editions de Minuit, 1979.（小林康夫訳『ポストモダンの条件―知・社会・言語ゲーム』水声社，1986年）

Hassard, J. and Martin, P. (ed.), *Postmodernism & Organizations*, SAGE, 1993.

Hatch, M., *Organization Theory*, Oxford University Press, 1997.

Schultz, M. and Hatch, M., "Living with Multiple Paradigms: The Case of Paradigms Interplay in Organizational Culture Studies," *Academy of Management Review*, 21-2, 1996.

Sim, S. (ed.), *The Routledge Clitical Dictionary of Postmodern Thought*, Icon Books, 1998.（原著第一部が，杉野健太郎・丸山修・伊藤賢一・稲垣伸一・伝田晴美訳『ポストモダニズムとは何か』松柏社，2002年，第二部が，杉野健太郎・下楠昌哉監訳『ポストモダン事典』松柏社，2001年として分冊され刊行されている）

大月博司・高橋正泰編『経営組織』学文社，2003年

索　引

あ　行

アイゼンバーグ，E. M.　202
ICT　47
アジア的生産様式　15
アージリス，W. G.　100, 163
アンゾフ，H. I.　147
意思決定　118, 130
意思決定過程　131
一般システム論　7
イナクトメント　220
インフォーマル・グループ　3
ウィリアムソン，O. E.　75, 205, 207
烏合の衆仮説　92
エクセレント・カンパニー　172
SBU（戦略事業単位）　50
X理論　107
M型企業　201
大きな物語　222
オートノミーモデル　228

か　行

解釈パラダイム　218
外部調達（アウト・ソーシング）　77
価値形成プロセス　54
価値判断　131
関係の技能　208
関係特性要因　207, 208
感情の論理　94
管理機能　4
管理の分担構造　4
管理の枠組み　8
ギアツ，C.　180
企業行動理論　146, 147
技術的技能　92
基準の操作性　143
機能主義者パラダイム　218
機能主義組織文化論　177
機能主義的組織論　219
基本的人権　19
客観的合理性　132
共通目的　121
協働　119

協働システム　119
近代化　18
近代社会　17, 19
クラークソン，G. P. E.　147
グループ・ダイナミクス　161, 166
経営人　24, 150
経営組織　2
経済人　23, 109, 136
継電器組立作業実験　88
ゲゼルシャフト　21
決定前提　131
ゲマインシャフト　21
権威　125
　　　――の受容　124
権限　8
権限機能説　10
権限受容説　9, 124
権限法定説　8
原始共同体社会　14
現実の社会的構成　220
貢献意欲　121
公式組織　3, 101, 120
　　　――の維持条件　121
　　　――の成立要件　120
行動科学　99
行動科学的アプローチ　162
合理的意思決定　149
個人主義　18
個人人格　25, 26
個人と組織の統合　102
個体群　193
個体群生態学モデル　192, 194
コミュニケーション　120
コラージュ　225
混合モデル　102
コンティンジェンシー理論　160, 173, 187
コンフリクトの準解決　152

さ　行

サイアート＝マーチ　147, 148, 150, 160
サイアート＝マーチ・モデル　154
サイモン，H. A.　130, 160
3Sの原則　167

事業部制組織　34, 35, 49
資源依存モデル　189
自己統制　164
事実判断　131
システム4　105
実証主義的立場　223
市民革命　17
シャイン, E. H.　178
社会-技術システム論　167
社会構成主義　227
社会人　23, 92
社会的技能　92
社会・文化的特性要因　209
自由主義　20
集団参加型　107
集団の圧力　142
主観主義　182
シュルツ, M.　181
情況の法則　10
照明実験　87
職能的職長制　31
職能の分担構造　4
職務拡大　112, 168
職務充実　112, 168
人的資源管理　167, 168
シンボリック　181
シンボリック―解釈主義　180, 220
シンボリック・マネジャー　176
スマーシッチ　182
制約された合理性　149, 150
説明責任　11
選択・淘汰のメカニズム　196
専門化　122
戦略的要因　123
組織影響力　134
　　――の理論　154
組織間関係論　187
組織慣性　194
組織化　5
組織期待　151
組織均衡論　7
組織行動　160
組織行動論　160
組織失敗　205
組織人格　25, 26
組織選択　151
組織統制　151
組織内の褒賞　142

組織の意思決定　151
組織の3要素　3
組織風土　175
組織文化　171, 178
組織文化論　171, 175
組織目標　150
組織モデル　104

た　行

代替的選択肢　139
ダイナミック・ネットワーク　80
脱階層化　48
脱構築　225
タビストック研究所　167
小さな物語　225
知識の不完全性　133
中間組織　209, 210
中間取引　211
定型的（プログラム化できる）意思決定
　149
提携（アライアンス）　76, 78
ディールとケネディ　175
動機づけ・衛生理論　112, 168
統制の範囲の原則　29
独立的企業　204
取引特定資産　206
取引特性要因　204
取引費用理論　75
奴隷制社会　15

な　行

内部組織　210
7つのS　172
ニッチ　194
日本的経営　172
2要因理論　112
人間関係論　23, 99, 166
人間的情況　90
人間の一般的特性　25
ネットワーク・インテグレーター　81
ネットワーク　200
ネットワーク組織　80
ネットワークの形成条件　200
能率　122

は　行

ハザード, J.　225, 228
ハース, R. M.　147

索　引　233

ハーズバーグ, F.　110
パーソナリティ　100, 163
ハッチ　225
バーナード, C. I.　9, 25, 116
ハナン, M. T. とフリーマン, J.　193
ハマーとチャンピー　52
パラダイム　217
バリュー・チェーン　52
バーレル, G. とモーガン, G.　218
パワー行使　192
パワー優位性　191
反基礎づけ主義　224
バンク配線作業実験　90
非公式組織　91, 123
ピーターズ, J. T. とウォーターマン, R. H.　172
非型形的（プログラム化できない）意思決定　149
費用・能率の論理　94
ファンクショナル組織　31
封建社会　16
フォレット, M. P.　10
フォン・ベルタランフィ　7
フォン・モルトケ　33
不確実性の回避　153
不確実性の原理　147
付加的パートナーシップ　204
複雑系組織論　226
複数の組織目的　151
フーコー組織論　227
ブランド・マネジャー　40
プロジェクト・チーム　39
プロセス管理者　57
プロセス組織　52, 55, 58
フロント・バック型組織　61, 65, 68, 72
ベニス, W. G.　163
保持　197
ポストモダン　222, 224, 228
ホーソン実験　86
ボルボシステム　168

ま　行

マグレガー, O.　107, 164

マズロー, A. H.　108
マーチ＝サイモン　24
マトリックス組織　38, 42
マルチプルパラダイム論　221
満足化原理　146
満足度　138
身分から契約へ　21
民主主義　21
無関心圏　125
メイヨー, G. E.　86, 89, 92
命令一元化の原則　29
面接調査　90
モダン　222
モダン組織論　219
モラール　95
問題解決的模索　153

や　行

誘因　122
　──と貢献の均衡　119
U型企業　200
有効性　122
欲求階層説　108

ら　行

ライト, R.　147
ライン・アンド・スタッフ組織　33
ライン組織　29
リエンジニアリング　7, 52
リオタール J-F.　222, 226
リストラクチャリング　6
リッカート, R.　103
臨界事例法　110
レヴィン, K.　161, 166, 174
レスリスバーガー, F. J.　93
連結タイプ　202
連結ピン　105
連結レベル　202
論理実証主義　148

わ　行

ワイク, K. E.　220
Y理論　109

編著者略歴

佐久間信夫　明治大学大学院商学研究科博士課程修了
現　職　創価大学経営学部教授
専　攻　経営学，企業論
主要著書
『企業集団研究の方法』文眞堂　1996年（共編著），『現代経営における企業理論』学文社　1997年（共著），『企業集団支配とコーポレート・ガバナンス』文眞堂　1998年（共編著），『現代経営学』学文社　1998年（編著），『企業集団と企業結合の国際比較』文眞堂　2000年（共編著），『新世紀の経営学』学文社　2000年（編著），『現代経営用語の基礎知識』学文社　2001年（責任編集），『企業支配と企業統治』白桃書房　2003年，『企業統治構造の国際比較』ミネルヴァ書房　2003年（編著），『経営戦略論』創成社　2004年（編著）など

坪井　順一　専修大学大学院経営学研究科博士後期課程修了
現　職　文教大学情報学部教授
専　攻　経営学，経営管理論，消費者行動論
主要著書
『消費者のための経営学』新評論　1991年（共著），『現代の経営組織論』学文社　1994年（共著），『産業と情報化の知識』日本理工出版社　1995年（共著），『現代経営学』学文社　1998年（共著），その他論文多数

リーディングス　リニューアル　経営学

現代の経営組織論　2005年2月20日　第一版第一刷発行

編著者　佐久間信夫・坪井順一

発行所　㈱学　文　社

発行者　田　中　千津子

東京都目黒区下目黒 3-6-1　〒153-0064
電話 03(3715)1501　振替 00130-9-98842

落丁，乱丁本は，本社にてお取替えします。
定価は売上カード，カバーに表示してあります。

ISBN 4-7620-1380-3　検印省略
印刷／シナノ印刷株式会社